Konrad Ribbeck

Die sogenannte Divisio des fränkischen Kirchengutes

in ihrem Verlaufe unter Karl Martell und seinem Söhnen

Konrad Ribbeck

Die sogenannte Divisio des fränkischen Kirchengutes
in ihrem Verlaufe unter Karl Martell und seinem Söhnen

ISBN/EAN: 9783744600828

Hergestellt in Europa, USA, Kanada, Australien, Japan

Cover: Foto ©Thomas Meinert / pixelio.de

Weitere Bücher finden Sie auf **www.hansebooks.com**

Die sogenannte

Divisio des fränkischen Kirchengutes

in ihrem

Verlaufe unter Karl Martell und seinen Söhnen.

Inaugural-Dissertation

zur Erlangung der

Doctorwürde bei der philosophischen Facultät

der

Universität Leipzig

von

Konrad Ribbeck.

Berlin 1883.

Buchdruckerei von Gustav Schade (Otto Francke).

Linienstrasse 158.

Meinem Vater

gewidmet.

Vorwort.

In der für unsere ganze mittelalterliche Verfassungsgeschichte
fundamentalen Frage nach dem Ursprung des Beneficialwesens
spielt bekanntlich eine nicht geringe Rolle die Deutung der im
8. Jahrhundert im Frankenreiche vorgenommenen Einziehung des
Kirchenguts nach ihren Rechtsgründen und ihren Motiven, nach
dem Zeitpunkt, an dem, und nach den Modalitäten, unter denen
sie stattgefunden hat.

Wie jene. grosse Controverse bis heute unausgeglichen ist,
so stehen auch in dieser Unterfrage die beiden bedeutenden Forscher,
die sie im grossen Zusammenhange behandelt haben, Roth und
Waitz, noch unvermittelt einander gegenüber. Nach Roth ist die
„Säkularisation“, in der er den Wendepunkt der Verfassung des
fränkischen Reiches sieht, eine Massregel der Söhne Karl Martells,
für die ein Rechtsgrund weder geltend gemacht worden sei, noch
habe geltend gemacht werden können, die aber durch die Verkündigung als Reichsgesetz unter Zustimmung der Grossen zu recht-
licher Geltung gelangt sei, und die die Mittel zur Vornahme einer
Reform im Heerwesen, zur Einführung des Beneficialwesens und
des Seniorates geliefert habe; Karl Martell selbst habe sich darauf
beschränkt, Bistümer und Abteien mit seinen Anhängern zu besetzen,
die sich dann durch Prekarienerteilungen den Zwecken des Herschers willfährig erwiesen hätten. — Dem gegenüber behauptet
Waitz, die Vasallität sei von den Karolingern bereits in voller
Ausbildung vorgefunden worden; die Einziehung sei nur eingetreten,
weil das Krongut erschöpft gewesen, eine Bedeutung für die Ver-
fassungsentwickelung sei ihr nur insofern zuzuerkennen, als sie

beigetragen habe zur allmälichen Ausgleichung zweier Besitzformen, des — vorher nur kirchlichen — beneficium, und der von jeher nicht volles Eigentum begründenden königlichen Landübertragung; das Verfahren habe einen Rechtsgrund in dem von den Königen ange- sprochenen Verfügungsrecht über Kirchengut gehabt, das sich in der seit lange geübten, unter Karl Martell nur den Höhepunkt ihres Umfanges erreichenden Praxis der precariae verbo regis geltend gemacht habe; von Karls Söhnen sei vielmehr die Her- stellung des ordentlichen Prekarienverhältnisses, die Anbahnung der Restitution ausgegangen.

Ohne auf die Stellung der Frage innerhalb der Verfassungs- geschichte einzugehen, haben sich dann ausführlicher über sie ge- äussert: Hahn und Oelsner in den Jahrbüchern Pippins mit scharfer Zurückweisung der Rothschen Kapitulariendeutung, und überhaupt mit Leugnung jeder Säkularisation durch Pippin oder unter Pippins Mitwissen. Ebenfalls in Anschluss an Waitz dann Breysig in den Jahrbüchern Karl Martells. — Gegen Roths letzten Aufsatz („Die Säkularisation des Kirchenguts unter den Karolingern,“ im Münchener Histor. Jahrb. 1865.) hat namentlich die darin nicht berücksichtigten Einwürfe Hahns noch einmal geltend gemacht: Kraus in der Tübinger Theol. Quartalschrift. Bd. 47. p. 682 ff. — Eine vermittelnde Stellung nimmt Richter in den „Annalen zur Deutschen Geschichte“ ein: sehr besonnen erkennt er sowohl Karls, wie Pippins Anteil an der divisio an (den im gewöhnlichen Sinne allerdings nicht anwendbaren Ausdruck „Säkularisation“ lehnt er ab), will aber nichts von der Rothschen Erklärung der Kapitularien wissen. Zuletzt ist der Gegenstand von Kaufmann (in Hilde- brands Jahrb. Bd. 22. p. 73 ff.) behandelt; er räumt ein „dass unter Karl Martell ein guter Teil von dem Kirchengut in Händen von Laien war, und dass durch Karlmann und Pippin einigen Kirchen ein Teil ihrer Güter zurückgegeben ist.“ Indem er dann aber auf die principielle Frage näher eingeht, betont er, dass die Einziehungen Karl Martells vereinzelte Gewalttaten gewesen seien, der eigentliche *Akt* der Säkularisation — einen solchen nimmt auch er an — in dem Verfahren der Söhne liege, die sich ein gesetzliches Recht zur Verfügung über das Kirchengut haben erteilen lassen; er findet dieses Recht in dem zweiten Kapitular Karlmanns ausgesprochen.

Indem ich — veranlasst durch eine grössere Arbeit über das Eigentumsverhältnis des Kirchenguts im fränkischen Reiche — der Forschung zunächst nur der beiden ersten Stimmführer in dieser Frage nacharbeitete, schien es mir, dass Roth mit vollem Recht ein schweres Gewicht gelegt auf den engen Zusammenhang zwischen der Verteilung des Kirchenguts im achten Jahrhundert und der Entstehung der karolingischen Vasallität. — Auf der andern Seite musste die Gewaltsamkeit und Unhaltbarkeit von Roths Interpretation der Kapitularien auffallen, die nach ihm eine Säkularisation bedeuten sollten, der überlieferten Fassung des Wortlautes nach aber eine vorhergegangene ausgedehnte Einziehung von Kirchengut zur Voraussetzung zu haben und selber in irgend einer Weise eine Restitution zu enthalten schienen. — War jener Zusammenhang nur dann festzuhalten, wenn man sich dieser Interpretation anschloss? Die Beharrlichkeit, mit der Roth den exponierten Punkt gegen vielfache und nicht ungerechtfertigte Angriffe zu verteidigen suchte, liess es fast so erscheinen. In jedem Falle war es für die Auffassung der grossen Verfassungsänderung von hoher Wichtigkeit, ob man in der sogenannten divisio ein einmaliges Ereignis oder die Übung eines längeren Zeitraums erkannte.

Ich habe gesucht durch eigene Untersuchung zunächst über diese allgemeine Frage Klarheit zu gewinnen, dann aber darüber hinaus zur Erkenntnis der einzelnen Phasen des Verfahrens vorzudringen. Die Ergebnisse lege ich hier vor in der Hoffnung, auch an meinem bescheidenen Teile zur Klärung der Meinungen beitragen zu können, obgleich ich ein eigenes Urteil in einer wichtigen, aber, wie ich glaube noch nicht spruchreifen Frage zurückhalten muss: ob — direkt oder indirekt — ein Obereigentum des Staates am Kirchengut auf die Verwendung desselben zur Beneficienverleihung von Einfluss gewesen ist, oder nicht.

Einleitung.

Einen verhängnisvollen Verlauf schienen die Geschicke des Fränkischen Reiches während des 7. Jahrhunderts nehmen zu wollen. Immer tiefer sank das Königtum: selbst die Kraft zu den blutigen Familiengreueln, mit denen die Merovinger seit Chlodwich gegen einander gewütet hatten, schien erschöpft; immer höher stieg an Bedeutung das Majordomat, das Organ der neuen Amtsaristokratie; immer kühner erhob diese ihr Haupt gegen das Königtum, dem sie ihr Dasein verdankte. Bald bemächtigte sie sich, nach dem Vorbilde des römischen Provincialadels, der Bistümer und begann diese mit ihren Amtsbezirken und dem Privatbesitz, mit dem die Freigebigkeit der Könige sie ausgestattet, zu selbständigen Territorialherrschaften zu verschmelzen. Adelsfraktionen bildeten sich; die wilden, wüsten Kämpfe, in denen diese um den Besitz der Herrschaft, um die Gewalt über die Person des Königs rangen, hatten das Ansehen letzter, unter immer hastigeren Pulsschlägen verlaufender Agonieen eines zerfallenden Staatswesens.

Rettung kam aus dem Osten der Monarchie, wo das Haus der Arnulfinger eine so überragende Stellung gewonnen hatte, dass es unternehmen konnte, seine Autorität auch im Westen aufzurichten, und so eine Art von Einheit herzustellen. Nach der Schlacht bei Testry war niemand mehr im Stande, Pippin die Stellung an der Spitze des ganzen Landes streitig zu machen.

Aber die Kräfte, deren ungezügelte Ausbrüche das Frankenreich in der letzten Zeit erschüttert hatten, waren damit nicht aus der Welt geschafft, noch zu segensreichem Wirken für das Ganze vereinigt. — Es ist ja schon als etwas Grosses zu bezeichnen, dass Pippin auch nur Anfänge machen konnte, die fränkische

Oberhoheit in den verlorenen östlichen Gebieten wieder herzustellen.
Aber es blieb eben auch bei Anfängen: Alles, was durch den
Sieg bei Duerstede und die weiteren Friesenkriege erreicht wurde,
war ein friedliches Verhältnis mit Radbod; die Kriegszüge ins
Gebiet der Alamannenherzoge, zu denen Pippin gegen das Ende
seines Lebens im Stande war, sehen wir sich immer aufs Neue
wiederholen, ohne dass irgend ein Erfolg davon wahrzunehmen
wäre[1]), und der Westen des Reichs hatten mit allen diesen Kämpfen
so wenig zu schaffen, dass der dort lebende Chronist, dem wir
den grössten Teil unserer spärlichen Kunde von Pippins Taten
zu danken haben, davon nicht mehr zu berichten weiss, als eben
dass Pippin „multa bella gessit contra Radbodem gentilem vel alios
principes, contra Suevos vel quam plurimas gentes[2])." Während
dessen brachen die aquitanischen Herzoge jede Verbindung mit
dem Frankenreich ab. Tatlos mitangesehen hat Pippin das nicht:
wir hören von einem Kampfe bei Bourges zwischen ihm und Eudo[3]).
Aber dieser schreitet doch unaufhaltsam vorwärts; bald belagert
und erobert er Bourges; die Stadt wird noch als Feindeseigentum
behandelt, viel Beute von dannen geführt, ein Abt zum Kriegsge-
fangenen gemacht[4]). Wiederum nach einiger Zeit kommt Eudo
nach dem Kloster dieses Abts, um sein Gebet zu verrichten, und
jetzt erscheint die Stadt als ihm untertänig; er beklagt sich, dass
ein Mann auf dessen Eid er sich verlassen, zu Karl Martell ent-
flohen sei[5]). — Charakteristisch für die Stellung, die Pippin im
Westen einnahm, ist es, dass er seit der Schlacht von Testry
jedesmal den Mann bezeichnet hat, den die Neustrier zum Major-
domus machen sollten[6]). Es liegt darin ebenso wohl eine Con-

---

[1]) Bonnell, die Anfänge des karol. Hauses p. 129 ff., Waitz V. G. III p. 8.
[2]) Gesta Francorum c. 49. Bouquet II p. 571.
[3]) Miracula S. Austregisili c. 4. Mab. Act. Ss. II 100. Bonnell (Anf. d.
kar. Haus. p. 128) hat diese Nachrichten übersehen.
[4]) Ibid. c. 5—7.
[5]) c. 9.
[6]) Gest. Franc. Bouq. II 571. c. 48. (Nortbertum, quendam de suis, cum
rege reliquit), c. 49. (Grimoaldus . . . maior domus effectus est.), c. 50
(Theudoaldum . . . iubente Pippino, in aula regis honore patris sublimem
statuunt).

cession, als ein Erfolg: wir wissen nicht welches Mass von Machtvollkommenheit diesen maiores domus neben den Grossen, die
sie erhoben, zukam; jedenfalls konnte doch Pippin nicht einfach
selbst die Regierung in die Hand nehmen. Von einer Verschwörung,
die sich dort gegen ihn erhoben, ist uns zufällig eine Spur erhalten geblieben: Bischof Ansbert von Rouen wurde von Pippin
aus politischen Gründen in die Verbannung geschickt[7]).

Erwägt man dies Alles, so wird man sich vor übertriebenen
Vorstellungen von Pippins Herschermacht hüten. Es kann keine
Rede davon sein, dass er etwa einem Heerbann des ganzen fränkischen Volks zu gebieten gehabt hätte, er war vielleicht für seine
Unternehmungen im Wesentlichen auf seine Hausmacht angewiesen.
Fort und fort musste er sich durch die Senioren gehemmt finden,
zu deren Gesammtheit er kaum anders, als ein primus inter pares
gestanden haben kann, wenn auch kein einzelner sich mit ihm zu
messen vermochte. Gerade in seiner Zeit sind wir mit grösserer
oder geringerer Sicherheit im Stande, eine Reihe von territorialen
und dynastischen Bildungen nachzuweisen[8]).

Und kaum war Pippins imponierende Persönlichkeit weggefallen, so waren jene Kräfte bereit, ihre Lebendigkeit und ihre
Macht auf das Furchtbarste zu beweisen. Zwistigkeiten in Pippins
Familie und die Minderjährigkeit seines Enkels und Nachfolgers
Theudoald, für den Plektrud die Vormundschaft führte, benutzten
die neustrischen Grossen, um das arnulfingische Haus noch einmal
zur Seite zu schieben, einen maior domus aus ihrer Mitte zu be-
stellen und Plünderung und Verwüstung nach Auster zu tragen,
zweimal bis zur Maas, das dritte Mal bis zum Rhein vordringend. —
Der Versuch, das neue Herschergeschlecht, in dem man den Tod-
feind der Adelsfreiheit erkannt hatte, zu ersticken, schlug fehl,
obwohl man selbst die Bundesgenossenschaft des heidnischen
Friesenfürsten gegen die Glaubens- und Stammesgenossen nicht
verschmäht hatte: der junge Karl, dem es gelungen war, der Haft
seiner Stiefmutter zu entkommen, raffte alle Kräfte zusammen,

---

[7]) V. Ansberti c. 31. ff. Mabillon Act. Ss. II 1058 ff.
[8]) cf. Excurs 1.

und lieferte seinen Feinden ein zweites Testry, die Schlacht bei Vincy, als deren Frucht ihm dann im Verlauf der nächsten Jahre die Herrschaft über Neustrien zufiel. Aber ein weiter Weg blieb noch zu durchmessen, bis man vor der Wiederkehr eines solchen Versuches sicher sein konnte. Eine kolossale Aufgabe lag vor dem jungen Fürsten. Karl Martell hat sie bewunderungswürdig gelöst. Oft angeführt sind die Worte, mit denen Einhard[9]) seine Regententätigkeit im Innern des Reiches kennzeichnet, er habe die Tyrannen niedergeworfen, die sich im ganzen Frankenreich die Herrschaft angemasst hätten. Harte Kämpfe hat es gekostet, von denen wir im Einzelnen wenig Kunde haben, die aber noch zu Hinkmars Zeiten in schreckenvollem Andenken waren: das Wort „Bürgerkriege" genügt diesem dafür nicht, „immo plus quam civilia, sagt er[10]), quia intestina et parricidalia." Aber als Karl starb, hinterliess er seinen Nachfolgern statt dessen, was er einst geerbt hatte, des zweifelhaften Regiments in einem Lande, über dessen Kräfte mächtige Adelshäupter geboten, einem altersschwachen in sich zerbröckelnden, nach aussen machtlosen Reiche, eine starke Herschergewalt in einem jugendkräftigen Staatswesen, die sie befähigte, ohne im Innern mit Widerspruch kämpfen zu müssen, eine im ganzen Abendlande gebietende Stellung zu erobern und zu behaupten.

Die Frage erhebt sich: wodurch war es Karl Martell möglich, den Kampf mit den stolzen Geschlechtern, deren Stellung sein Vater hatte unangefochten lassen müssen, aufzunehmen und durchzuführen? Streitkräfte müssen ihm zur Verfügung gestanden haben, die Pippin nicht hatte, neue Streitkräfte, deren Vorhandensein sich auch in der langen Reihe bedeutender und glücklicher Feldzüge, die Karl nach aussen hin geführt hat, aufs Deutlichste zu erkennen giebt.

Mit der allgemeinen Dienstpflicht, der alten Grundlage des fränkischen Heeres, war unter Verhältnissen, wie wir sie kennen gelernt haben, bei einem so bedeutenden Übergewicht der lokalen

---

[9]) V. Karoli c. 2.
[10]) V. Remigii, Praef. Migne 125 p. 1129.

Gewalten über die centrale, nicht viel auszurichten: eben die
Beamten, die früher die Organe des Königs zum Aufgebot des
Heeres gewesen, bildeten nun jenen widerspenstigen Adel, und
in ihrer Gewalt war durch vielfache Abhängigkeitsverhältnisse das
niedere Volk, welches das Material des Heeres zu liefern hatte. —
.Schon die Bürgerkriege des 7. Jahrhunderts können nicht einfach
mit Heeren der allgemeinen Dienstpflicht geführt sein: die einzelnen
Dynasten müssen sich, anfänglich aus ihren abhängigen Leuten,
dann auch aus Anderen, von aussen hinzutretenden, militärische
Scharen gebildet haben, die sie nach Analogie der königlichen
Gefolgschaft, des Antrustionates, mit einem Mannschaftseide an
.sich ketteten [11]). Je hervorragender ein solcher Senior war, desto
zahlreichere und ansehnlichere Männer schlossen sich ihm als
vassi — so wurden die Gefolgsleute genannt — an; zahlreiche
und ansehnliche vassi [12]) werden neben den Resten des alten

---

[11]) Ein solcher Zusammenhang erklärt den Gebrauch des gleichen Aus-
druckes „se commendare" für die rechtlich verschiedenen Akte der Ergebung in den Schutz und der Eingehung des Vasallenverhältnisses. Ursprünglich diente er nur zur Bezeichnung des ersteren, wurde aber beibehalten, nachdem diese privaten Schutzverhältnisse der königlichen Gefolgschaft assimiliert und in dem Akte der Aufnahme der Mannschaftseid die
Hauptsache geworden war. — Ein feiner, aber, wie es scheint, fester
sprachlicher Unterschied zwischen dieser neuen Kommendation und der
alten Ergebung in den Schutz hat sich später wieder ausgebildet (Roth
Feud. p. 274—9.): in manus oder per manus se commendare wird nur von
der vasallitischen Commendation gebraucht, in manu von der Ergebung in
ein Schutzverhältnis. Dagegen trägt es nichts aus, wenn in der merovingischen Formel für Aufnahme eines antrustio der Ausdruck in manu con-
iurare gebraucht wird: abgesehen davon, dass bekanntlich in merov. Zeit
die Casusendungen durchaus willkürlich angewendet wurden, trat das Bedürfnis eines derartigen Unterschiedes auch erst hervor, seit beide Akte
mit demselben Worte „commendare" bezeichnet wurden.

[12]) Dass aus einer karolingischen Privatgefolgschaft, also einer Nach-
bildung des Antrustionates und nicht aus diesem selbst die königliche Vasallität der späteren Zeit hervorgegangen ist, zeigt sich in dem Mangel
des dreifachen Wergeldes für den königlichen vassus, sowie in diesem neuen
Namen selbst, der zuerst für Unfreie, dann für abhängige Leute von Mag-
naten, und erst seit Karl Martell, seit Alles, was den maior domus anging,
königlich genannt werden konnte, für solche des Königs angewendet wird.
(lex Alam. 36,4. cf. Waitz v. G. II p. 200., die erst in der ersten Karolinger-
zeit verfasste Stelle der lex Baioar. II 14 kommt nicht in Betracht.)

Volksaufgebots, die sich in den geordneteren Verhältnissen des
Nordostens erhalten hatten, die Heere Pippins gebildet haben. —
Aber dies Gefolge gewann unter Karl eine Ausdehnung und eine
Bedeutung, die es früher nicht gehabt hatte: um den Widerstand
der Unbeugsamen brechen zu können, musste Karl einen andern
Teil der Aristokratie in sein Interesse ziehen, und er tat dies
indem er eine Anzahl der früheren Senioren für den Eintritt
in sein eigenes Gefolge gewann. Natürlich nicht ohne Gegenleistung.

Bis zu diesem Punkte wird man gehen dürfen, auch ohne
über die divisio sich eine eigene Meinung gebildet zu haben. Dass
Karl Martells Vasallen als Gegenleistung für ihre Dienste bedeutende Ländereien erhalten haben, darüber herscht kein Streit,
und auch darin ist man einig, dass Beneficien und Kirchengut
dabei eine Rolle gespielt haben. Hier aber beginnt die Differenz.
Von hier an wird man sich nach der einen oder der andern
Richtung hin entscheiden, je nachdem man die divisio als die
Praxis eines längeren Zeitraums, oder als eine Massregel Pipins
und Karlmanns auffasst. Im ersten Fall wird man mit Waitz in
den von Karl ausgegebenen Beneficien eben das Kirchengut finden
und anerkennen, dass die früheren kirchlichen Verleihungen auf
die Bildung des Instituts Einfluss geübt haben, im andern Fall
wird man genötigt sein, mit Roth dasselbe für eine von den
Karolingern zum Zwecke der Durchführung neuer Heeresein-
richtungen aus freier Hand gemachte Erfindung zu halten, anzunehmen, dass die neue Art von Krongutsverleihungen auch zuerst
auf das Krongut angewandt sei, und dass alles Kirchengut, das
Karl Martells Vasallen erhielten, nichts mit der neuen Form zu
tun hatte, lediglich kirchliche Prekarie war[13]), den Charakter als

---

[13] Roth, B. W. p. 355 f. — Kaufmann p. 80) hat Roth missverstanden,
wenn er meint, derselbe habe im „Ben. W." Karl Martells Verfahren als
nur durch seine Unregelmässigkeit und Gewaltsamkeit von der allgemeinen,
gesetzlich geregelten Säkularisation seines Sohnes verschieden bezeichnet.
Worin er den Unterschied sieht, sagt er an der soeben angeführten Stelle
des „Ben. W." An der von Kaufm. angezogenen (a. a. O. p. 341.) nennt
er die etwa unter Karl erfolgten wirklichen Einziehungen ausdrücklich
Ausnahmen, und sagt nicht, wie K. citiert, solche Einziehungen seien

königliches beneficium erst durch die Massregel der Säkularisation erhielt. Der Nachweis eines solchen einzelnen Aktes, eines Säkularisationsgesetzes vom 1. März 743, das noch dazu nach Roth die Hauptmasse des den Vasallen zu übergebenden Kirchengutes erst geliefert haben müsste [14]), würde aber überhaupt von der grössten Wichtigkeit für die Anschauung aller Vorgänge der Neubildung sein; es gäbe alsdann in der Tat einen genau zu fixierenden Wendepunkt in der fränkischen Verfassung: vom Jahre der Säkularisation wäre der Beginn des Feudalstaates zu datieren, alles Vorangegangene wäre nur ein Vorspiel gewesen; im Allgemeinen erhielte die Roth'sche Ansicht von der systematischen, legislativen Einführung der neuen Einrichtungen einen ungeheuren Vorschub.

„höchst wahrscheinlich", sondern, das gänzliche Fehlen derselben sei nicht wahrscheinlich.

[14]) Ich weiss hierfür keinen bestimmten Satz aus Roth's Schriften anzuführen. Für den, der dieselben kennt, bedarf es aber auch keines Nachweises, dass R. die Bedeutung der überall auf das Schärfste von ihm hervorgehobenen Massregel der Söhne Karls nicht hauptsächlich in der formalen Umschaffung der schon in Händen der Vasallen befindlichen kirchlichen Prekarien in königliche Beneficien finden kann. In keinem der Fälle von Säkularisation unter Pippin, die er sich nachzuweisen bemüht, kann dergleichen in Betracht kommen, überall sollen die Kirchen des Genusses der Güter erst unter Pippin beraubt sein.

Capitel I.

Karl Martell.

Bekannt sind die Worte, mit denen Hinkmar Karl Martell beschuldigt hat, zuerst von allen fränkischen Königen und Fürsten die Kirchen des Reichs ihrer Besitzthümer beraubt und dieselben unter seine Gefolgsleute verteilt zu haben[1]). Hinkmar erzählt in demselben Zusammenhang — die ganze Stelle dient zur Bekräftigung einer bischöflichen Ermahnung an Ludwig den Deutschen — die Fabel von der Vision des heiligen Eucherius, und dies hat Anlass gegeben, auch seine erste Angabe in Zweifel zu ziehen, und die ganze Überlieferung als eine raffinierte Fälschung zu bezeichnen.

Die Verdächtigung lässt sich nicht mit dem einfachen Hinweis auf Hinkmars charaktervolle Haltung als Staatsmann und seine Verdienste als Geschichtsschreiber seiner Zeit ablehnen, denn erstlich scheint man damals im allgemeinen laxere Begriffe von der Verpflichtung zur Wahrheit auch im Bericht über längst vergangene Zeiten gehabt zu haben, als heutzutage, und zweitens ist speciell Hinkmars Andenken in dieser Beziehung nicht frei von Makel. Aber erstaunlich wäre immerhin die Frechheit einer solchen Fälschung, wie der ihm hier vorgeworfenen. Sonst pflegt die Fälschung als angebliche Wiederauffindung vergessener Berichte oder Urkunden aufzutreten, hier wird die einfache nüchterne Behauptung aufgestellt, ohne auch nur den Versuch einer Polemik zu machen gegen das lebendige Bewusstsein von dem wahren Sachverhalt, auf dass sie doch jedenfalls stossen musste. Hinkmars Worte brauchten nicht anders zu lauten, wenn er etwas

---

[1]) Ep. Caris. Migne 126 p. 15. Carolus, qui primus inter omnes Francorum reges ac principes res ecclesiarum ab eis separavit atque divisit.

allgemein Bekanntes damit ausspräche; und doch konnte der
deutsche König, wenn er selbst wirklich nicht 100 Jahre zurück
in der Geschichte seines Hauses Bescheid wusste, die Wahrheit
von jedem gebildeten Geistlichen seiner Umgebung erfahren. Noch
erstaunlicher fast wäre der Erfolg der Fälschung; nicht nur hören
wir nichts von einer Entgegnung, die ihr widerfahren wäre, sondern
wenige Jahre später findet sie sich in ein Geschichtswerk aufgenommen[2]) und beherscht von da an die gesamte Tradition,
ohne dass die Wahrheit irgend welche Vertretung gefunden hätte. —
Dazu kommt endlich, dass nicht abzusehen ist, welches Interesse
Hinkmar an der Entstellung des Sachverhalts hätte haben können:
die von Roth angenommene Absicht, die unliebsame Erinnerung
an eine mit Einwilligung der Geistlichkeit vorgenommene gesetz-
mässige Säkularisation auszutilgen, wäre ja durch einfaches Ver-
schweigen dieser Einwilligung und der Gesetzmässigkeit sogar
besser erreicht, es hätte der künstlichen Erfindung nicht bedurft.
Selbst wenn Hinkmar — was weder erwiesen, noch auch nur
wahrscheinlich ist[3]), — mit der Erfindung der Visio Eucherii in
Zusammenhang stände, so wäre zu sagen, dass die Tendenz derselben doch nicht sein kann, zu erweisen, dass die divisio unter
Karl und nicht unter Pippin vorgefallen sei, sondern nur dahin
geht, dem Kirchenräuber eine schreckliche Strafe vorzuhalten, und
je höher das Beispiel, an dem diese gezeigt wurde, desto besser;
jedenfalls war es natürlicher, den klerikalen Zorn an dem toten
Feinde auszulassen, als einen beliebigen Andern an seine Stelle
zu setzen und ihn selbst als Restitutor zu feiern. Hätte es aber
Hinkmar nun einmal unbegreiflicher Weise[4]) darauf abgesehen
gehabt, Pippin weiss zu waschen, und auf den unschuldigen Karl
Martell Anklagen zu häufen, so hätte er das Verfahren des
Ersteren in Laon[5]) nicht erzählen oder auf den Letzteren übertragen müssen. Man sollte meinen, die ungescheute Mitteilung
dieses Vorganges zeige vielmehr, dass es Hinkmar gar nicht darauf

---

[2]) Adrevalds Miracula S. Benedicti c. 14. Bouq. III, 672.
[3]) v. Noorden, Hinkmar p. 146.
[4]) cf. v. Noorden. Hist. Ztsch. VII, 332.
[5]) V. Remig. c. 67. Migne 125 p. 1174.

angekommen sei, gelegentlich auch Pippin, wo er es seiner Meinung nach verdiente, zum Gegenstand seiner Angriffe zu machen.

Alle Bedenken müssten natürlich verstummen, es bliebe nichts anderes übrig, als dass Hinkmar gefälscht hätte, wenn dargetan würde, dass die Tatsache, von der er berichtet, sich wesentlich anders, als er angiebt, zugetragen hätte, und er von dem wahren Sachverhalt notwendig habe unterrichtet sein müssen. Und natürlich nur auf Grund vermeintlicher besserer Kenntnis hat Roth jene Anschuldigung erhoben: er glaubt eine grossartige Massregel der Söhne Karl Martells, eine gleichmässige Einziehung eines Teiles des gesamten Kirchengutes durch sie, nachweisen zu können, neben der dann freilich Alles, was etwa unter Karl selbst geschehen sein könnte, in den Schatten treten müsste. Diese Massregel soll in Karlmanns Kapitular von Lestinnes dokumentiert sein, und auf sie die Notiz der Murbacher Annalen zu 751 „res ecclesiarum descriptas, quae et divisas" sich beziehen.

Das πρῶτον ψεῦδος der zum Beweise dieser Behauptung angestellten Deduktion ist, dass für Roth sein Begriff der divisio vor aller Untersuchung feststeht. Ohne zu berücksichtigen, dass Hinkmar immerhin durch über hundert Jahre von den Ereignissen getrennt war, ihm also leicht im Einzelnen eine Ungenauigkeit einfliessen konnte, die doch den Wert seines Zeugnisses im Ganzen kaum herabsetzte[6]), ohne zu fragen, welche Vorgänge in Karls Regierung etwa zu Hinkmar's Worten Anlass gegeben haben könnten, hält sich Roth an den Wortlaut: „res ecclesiarum ab eis separavit atque divisit," und sucht von vorn herein nach einem geregelten Vorgang: Abtrennung und Verteilung des Kirchengutes[7]). Ausserdem legt er noch etwas in die Worte hinein, was

---

[6]) Es kommt an jener Stelle weit mehr auf die Tatsache des Kirchenraubes und die Person an, die ihn vollzogen, als auf die näheren Umstände, unter denen er vor sich gegangen.

[7]) Ben. W. p. 329. „Die Unwahrheit der in ihr (Hinkmars Erzählung) enthaltenen Behauptung. dass Karl Martell das Kirchengut eingezogen und verteilt, . . ."; p. 330. „eine Säkularisation nahm er nicht vor, d. h. er beraubte die Kirchen nicht direkt ihrer Besitzungen, um sie an Laien zu verteilen."

nun keinesfalls darin liegt, die allgemeine Verbreitung einer solchen Massregel [8]).

Freilich, wer nur der Zeitpunkt für ein in dieser Weise vorher bestimmtes Ereignis sucht, der wird geneigt sein, es in den Worten jenes Kapitulars wiederzuerkennen, der wird gern darüber hinwegsehen, dass die Bedeutung des Wortes retinere sich nicht mit der von ihm gesuchten des „Einziehens" deckt, der wird leicht eine beliebige untergeordnete Bedeutung für die in dem vorhergehenden Erlass Karlmanns ausgesprochene Restitution ausfindig machen [9]). Jeder, der unbefangen an die Urkunden herantritt, wird einen zwischen beiden bestehenden Zusammenhang vermuten und in der zweiten eine Beschränkung der ersten erkennen, jedenfalls aber dem Worte retinere seine ihm zukommende Bedeutung lassen und aus dem ausgesprochenen Behaltenwollen schliessen, dass die Einziehung des zu Behaltenden vorhergegangen, und zwar nicht direkt, sondern in einer solchen Zeit dass der Gedanke der Zurückgabe wenigstens nicht gänzlich ausser Betracht liege, vorhergegangen sei.

Dazu kommt die von Roth unaufgeklärt gelassene Differenz zwischen dem Zeitpunkt, den er für seine Säkularisation nach den Kapitularien annimmt, 743, und dem durch die Murbacher Annalen vermittelten Datum, 751. Nur eine Verhüllung des Widerspruches ist es, wenn er (Ben. W. p. 337) sagt, es lasse

---

[8]) Ben. W. p. 334. „aber er nahm keine allgemeine Einziehung des Kirchengutes vor," p. 335. „also eine divisio erfolgte, d. h. eine gleichmässige Einziehung eines Teils des gesammten Kirchengutes."

[9]) Ben. W. p. 335. n. 91. — Ausführliche Widerlegung der Rothschen Interpretation bei Oelsner p. 478 ff. cf. auch Hahn Exc. XI. — Mit Unrecht verlangt dagegen Kaufmann (p. 80.) von Roth, er hätte allein aus dem Deo gratias des Pabstbriefes von 745 herauslesen müssen, dass die Massregeln von 743 wohltätig gewesen seien. Der Pabst sagt nicht: „Gott sei Dank, dass diese Massregeln von 743 getroffen sind" oder gar, wie K. zu ergänzen scheint, „dass die divisio vorgenommen ist." (cf. a. a. O. p. 89.), sondern „Gott sei Dank, dass auch nur eine Zinszahlung erreicht ist." Darum könnten in den beiden voraufgegangenen Jahren die schlimmsten Beraubungen vorgefallen sein. Bonifaz hat damals dem Pabst doch nur über die Synode von 745 berichtet, nicht über Alles, was die Brüder seit ihrem Regierungsantritt vorgenommen.

sich aus unsern Quellen nicht entscheiden, „ob die Säkularisation in allen Kirchen Galliens zu gleicher Zeit und in gleichem Umfange vorgenommen wurde, oder ob erst das Jahr 751 ein geregeltes Verfahren brachte." Wenn man nicht das Letztere annimmt, so ist die Annalennotiz für Roth ganz unerklärlich, und jedenfalls nicht als Belegstelle für seine allgemeine Säkularisation zu brauchen. Andererseits ist, meine ich, für ein „geregeltes Verfahren" neben der Roth'schen divisio von 743 gar kein Platz, denn eben darin soll ja die Bedeutung derselben bestehen, eine allgemeine und geregelte Massregel zu sein.

Aber wollte man auch annehmen, dass der 743 gefasste und verkündete Beschluss erst 8 Jahre später zur vollständigen Ausführung gekommen, wie verträgt sich damit die beträchtliche Restitution des Jahres 750[10])? Soll erst restituiert, und ein Jahr darauf das Verfahren der allgemeinen divisio eingeschlagen worden sein? — Überhaupt, was soll man von jener Restitution halten? Pippin müsste ja von einer Unbesonnenheit ohne Gleichen gewesen sein, hätte er so in den Tag hinein über sämmtliche Kirchen des Reichs eine Gewaltmassregel der schlimmsten Art verhängt, von der er nach höchstens acht Jahren gesehen hätte, dass sie unnötig und unhaltbar war. Und seine weltlichen Anhänger, zu deren Gunsten die Gewaltmassregel verfügt war, durch teilweise Zurücknahme derselben aufs Furchtbarste zu erbittern, noch ehe die gewünschte Erhebung auf den Königsthron erreicht war, hätte das nicht geheissen Alles aufs Spiel setzen?

Endlich: 743 müsste doch immer das eigentliche Jahr der divisio bleiben — Pippins Kapitular von Soissons, 744, soll ja Zeugnis dafür ablegen, wie radikal dieselbe gewesen sei[11]) —; wie kommt es, dass die Annalen von dieser überaus wichtigen Massregel schweigen, während sie im Vergleich dazu so nebensächliche, wie die von 750 und 751 immerhin sein müssten, der Erwähnung wert halten? Ein Akt gesetzgebender und vollziehender

---

[10]) Ann. Bertin. Ss. I p. 138. Pippinus, monente S. Bonifacio, quibusdam episcopatibus vel medietates vel tertias rerum (reddidit), promittens in postmodum omnia restituere.

[11]) Ben. W. p. 337, N. 93.

Gewalt, wie dieser, durch den bestehende Zustände auf das Tiefste erschüttert, weltgeschichtlich nachhaltige Wirkungen hervorgebracht wären, die grösste Tat Pippins, wäre an der Anerkennung der Mitwelt, dem Andenken der Nachwelt spurlos vorübergegangen? Von einer durch Jahrzehnte hindurchgehenden, allmälich sich vollziehenden Umwälzung wäre es denkbar, dass über ihren Hergang kein Bericht der kurzen Annalen, keine Erwähnung der Späterlebenden uns genauere Kunde gäbe, nicht von einem Ereignis, wie die Roth'sche divisio. Und will man zugeben, dass eine Zeit der Reaktion gegen die Folgen derselben nicht liebte, unangenehme Erinnerungen an ihre Einzelheiten aufzufrischen, so konnten doch die Mitlebenden nicht von solchen Rücksichten geleitet werden. Sollten sie ängstlicher gewesen sein, die Massregel aufzuzeichnen, als sie zu beschliessen? Was hielt den von Mitgliedern der karolingischen Familie bestellten Chronisten ab, neben den anderen Grosstaten Pippins auch die im Jahre 743 vollzogene Reorganisation des Heeres zu berichten, was die verschiedenen Annalisten, deren einer zum Jahre 751 ungescheut berichtet: res ecclesiarum descriptas, quae et divisas?

Die Roth'sche Beweisführung ist nicht im Stande, Hinkmars Zeugnis über eine ausgebreitete Verwendung von Kirchengut für politische Zwecke durch Karl Martell zu entkräften. Die richtig verstandenen Worte der Kapitularien und die Erwägung der inneren Politik Karls würden uns veranlassen, jenem Zeugnis Glauben zu schenken, auch wenn wir es nicht mit einzelnen Beispielen belegen könnten, wenn wir Roth zugeben müssten, dass alle auf uns gekommenen Einzelzeugnisse sich auf Vorgänge unter Pippin bezögen.

Aber wir sind günstiger gestellt, wir können auch auf diesem Wege erweisen, dass die divisio nicht etwas erst unter Pippin Begonnenes ist.

Von Abt Teudsind von S. Wandrille (734—38) hören wir, er habe fast den dritten Teil des Klostergutes an seine Verwandten und an die königlichen Vasallen verschleudert[12]), u. a. im Jahre

---

[12]) Ss. II 282. Z. 43. Nam pene tertiam facultatum partem abstulit, suisque propinquis ac regiis hominibus ad possidendum contradidit, quae usque nunc de isto coenobio permanent ablatae etc.

734 einen grossen Gütercomplex als Prekarie gegen einen unbedeutenden Zins an einen Grafen Rothar (Hrotgar v. Le Mans?)
gegeben. — Der von Roth[13]) aufgestellte Gegensatz zwischen
diesem Vorgange und dem Verfahren Pippins[14]) zur Zeit des Abtes
Widolaicus[15]) ist aus der Darstellung unserer Quelle nicht abzu-
leiten: vollkommen in derselben Weise erzählt sie die Vergabungen
Teudsinds, wie die Witlaics; der eine, wie der andere hat ausser
den königlichen Vasallen auch eigene Klienten und Verwandte
bei denselben bedacht, dem einen, wie dem anderen wird die
alleinige Schuld an diesen Dingen in die Schuhe geschoben, Pippin
wird mit denselben conventionellen ehrenden Beiworten belegt,
wie Karl, ich kann nicht finden, dass er mit offenbarer Abneigung
behandelt würde[16]). Wenn aber nachher die iniuste ablata von
den freiwilligen Vergabungen der Äbte an königliche Vasallen
unterschieden werden, so ist der Ausdruck „freiwillig" auf Rechnung
der Loyalität des Chronisten zu schreiben. Warum hätte man
denn später die Hilfe des Königs zur Wiedereinziehung dieser
freiwilligen Prekarien oder zur Erhöhung eines zu niedrigen Zinses
in Anspruch nehmen müssen[17])? Das lag ja ganz in der Hand

---

[13]) Münchener Histor. Jahrb. 1865 p. 285 f.

[14]) Ss. II 290. Z. 32. Sub huius (Widolaici) etiam temporibus plurimae
res ecclesiae perierunt, quas ipse regiis hominibus ad possidendum contradidit. 291. Z. 5. . . exceptis villis, quas Widolaicus aut regiis hominibus
contradidit, aut etiam sub usufructuario aliis concessit.

[15]) Der zweite Teil dieses Namens wird mit Unrecht als ein besonderes, lateinisches Wort aufgefasst, und der Abt daher als ein Laie bezeichnet (cf. z. B. Oelsner p. 375). Der Name (z. B. auch ein Kanzler Karls
d. Gr. trägt ihn, cf. Dronke Cod. dipl. Fuld. Nr. 72 p. 45.) — in anderer
Form Witlaic (Gest. Font. c. 8, c. 10 p. 281—3.) Withlec (Conv. Attin.) ist
gebildet, wie Theotlaich, Hartleih, Radleic; cf. Förstemann Ahd. Namenbuch Bd. I p. 824, p. 1286.

[16]) In dem einzigen Zuge, der geeignet sein könnte, ein schlechtes
Licht auf ihn fallen zu lassen: dass er die Geschenke des Witlaic annahm
und ihm die Abtei erteilte, liegt in den Augen der Gesta viel weniger für
ihn, als für den Abt ein Vorwurf; der daselbst gebrauchte Ausdruck satel-
lites ist keineswegs verächtlich (cf. p. 285. Z. 46.) — Uebrigens würde
selbst eine solche Abneigung nichts beweisen: es wäre nur natürlich, wenn
eine zweite Schatzung härter, als eine erste empfunden, und demgemäss
ihr Urheber härter beurteilt worden wäre.

[17]) Ss. II p. 292. Z. 1. Hic nempe (Gervoldus) de rebus ecclesiae

der Äbte. Oder wenn dabei Unregelmässigkeiten vorlagen, warum gab der König gerade das zurück, wovon der Staat Nutzungen hatte, während er nichts gegen die Entwertung seiner Abtei durch Fremde tat? Wie vorher bei der Unterscheidung zwischen dem Verfahren der beiden Äbte, zeigt sich Roth auch hier unter dem Einfluss einer vorgefassten Meinung. Unter den iniuste ablata hat man vielmehr diejenigen Entfremdungen zu verstehen, bei denen die Form der Prekarien vernachlässigt worden war, unter den „freiwilligen" Vergabungen diejenigen, die freilich für das Kloster eine grosse Entbehrung, aber formell unantastbar waren; Karl hat nur den ersten Übelstand abgestellt, keineswegs alle precariae verbo regis restituiert; sonst könnte der Verfasser der Gesta nicht von den Verleihungen beider Äbte, Teutsinds wie Witlaics sagen, sie seien noch zu seiner Zeit der Verfügung des Klosters entzogen[18]).

Ebenso wie die erwähnte Restitution Karls d. Gr. an S. Wandrille[19]) haben wir die seines Vaters an S. Dénis von 750/51 anzusehen[20]). Auch hier kann es sich unmöglich nur um solche Besitzungen handeln, die wirklich durch nichts, als die Habgier böser Leute, Sorglosigkeit der Äbte und Nachlässigkeit der Richter dem Kloster entfremdet gewesen wären. Was wir von diesen Ausdrücken zu halten haben, zeigen die Urkunden Mühlb. No. 74 und No. 101, welche sie brauchen bei der Restitution von Gütern, die königliche Vasallen zu Benefiz haben[21]). Wahrscheinlich

---

nostrae iniuste ablatis aut etiam spontanea patrum coenobii voluntate regiis hominibus contraditis, suggestionem suam magno imperatori Carolo patefecit eiusque ex sacra auctoritate privilegium accepit, ut, quicquid iniuste ablatum erat, in iure ac potestate eiusdem ecclesiae reciperet. Auch Kaufmann (p. 75) hält es für selbstverständlich, dass mit den „iniuste ablata" precariae verbo regis gemeint seien.

[18]) Ss. II 282. Z. 44. (Von Teutsinds Vergabungen.) quae usque nunc de isto coenobio permanent ablatae. p. 290. Z. 33. (von denen Witlaics) quae usque hodie de eiusdem coenobii ditionibus permanent ablatae.

[19]) Die dort gebrauchten Worte: privilegium accepit, ut, quicquid iniuste ablatum erat, in iure ac potestate eiusdem ecclesiae reciperet, könnten ebenso gut von Pippins Urkunde für S. Dénis gesagt sein.

[20]) Mühlb. Reg. No. 58.

[21]) Bouq. V, 701. Mühlb. No. 74. Et quoniam per iniquam cupiditatem

verhält es sich ebenso, wie mit Exona und Taberniacus, auch
mit jenen 50 Ortschaften in verschiedenen Gauen, nur dass es
im Charakter einer solchen Massenrestitution liegt, dass nicht,
wie dort, die Geschichte und das gegenwärtige Verhältnis jeder
einzelnen villa erwähnt werden konnte. Es ist undenkbar, dass
solche Massen von Gütern eigenmächtig durch die Äbte oder
widerrechtlich durch Private hätten entfremdet werden, und in
der Zeit von Karl Martells befestigter Regierung entfremdet bleiben
können: der Herscher hatte ja das allerwesentlichste Interesse
an der Erhaltung seiner Abtei in leistungsfähigem Zustande,
brauchte ihre Kräfte für sich, konnte sie nicht Anderen überlassen.
Im Falle einer wirklichen Entfremdung durch Private würde es
aber jedenfalls für jedes Gut einer gesonderten Gerichtsverhandlung,
also einer besonderen Urkunde bedurft haben, wie denn auch
solche erhalten sind[22]). Der Habgier auf der einen, der Sorglosigkeit auf der anderen Seite wird vielmehr die Schuld beige-
messen, dass in diesen Fällen das Eigentumsrecht des Klosters,
d. h. die Form der Prekarie nicht gewahrt ist; dies Eigentumsrecht
wird nunmehr documentiert, dafür genügt ein solcher Massenakt,
die Regelung der einzelnen Verhältnisse durch Neuschreibung von
Prekarien bleibt den Parteien überlassen. Dass die Einziehung
der restituierten Güter nicht in Pippins eigene Regierung fallen
kann, ist selbstverständlich: es wäre doch wunderlich, von Habgier böser Leute, Sorglosigkeit der Äbte, Nachlässigkeit der
Richter zu reden, wenn das, wozu dies Alles zusammen gewirkt
haben sollte, sich erst seit einem Zeitraum von höchstens neun
Jahren herschriebe. Hätte es dann der Untersuchung durch besondere Boten bedurft, um das Rechtsverhältnis solcher Güter
festzustellen? Für Taberniacus ist noch unter Childebert III.
(695—711) eine Prekarie ausgestellt, und so wird die eigentliche

---

a malignis hominibus ipsa villa Taberniacus de ipsa casa S. Dionysii fuit
abstracta vel imminuta, ... gasindus noster Teudbertus per nostrum
beneficium ipsam villam T. tenuit. — Bouq. V. 706. Mühlb. 101. ... per
iniqua cupiditate a malignis hominibus .. ipsa villa Exona de ipsa casa
S. Dionysii fuit abstracta; .. sicut a Rauchone comite per nostrum beneficium usque modo fuit possessa.
[22]) So Mühlb. No. 63.

Entfremdung auch wohl bei den meisten der 50 Ortschaften erst unter Karl Martell geschehen sein; wann allerdings ihre erste Verleihung auf königliche Verwendung erfolgt sein mag, lässt sich nicht feststellen.

Das sind nun zwei der wichtigsten Klöster des Reichs; wie mag es erst mit den weniger begünstigten ausgesehen haben! Die Kapitularien zeigen, dass mehrere zur Zeit von Karl Martell's Tode bis zur Unterhaltslosigkeit der Bewohner verarmt waren[23].

Was die Bistümer anlangt, so ist jedenfalls in der Diöcese von Reims die divisio schon unter Karl Martell erfolgt. Hinkmar wenigstens, der eigene Bischof, berichtet uns so[24]. — Wir haben oben, als es sich um Hinkmar's Angabe über Karl Martell als den Urheber der divisio im Allgemeinen handelte, den gegen ihn erhobenen Verdacht der Fälschung zurückgewiesen, gesehen, dass für eine divisio unter Karl ausser Hinkmar die Kapitularien der Söhne das kräftigste Zeugnis ablegen, ja dass wir sie annehmen müssten, selbst wenn sie nicht bezeugt wäre. Aber müssten nicht alle Bedenken wieder erwachen, wenn Hinkmar's Bericht über die Vorgänge in der eigenen Diöcese durch ein um 70 Jahre älteres Aktenstück widerlegt würde? Und so scheint es: wir haben einen Brief des Pabstes Hadrian I. an Bischof Tilpin von Reims, der — das wird sich nicht leugnen lassen[25] — ausdrücklich die Beraubung der Kirche mit einer nach Vertreibung Abel's, des von Bonifaz eingesetzten Erzbischofs, eingetretenen Vakanz in Verbindung bringt:

---

[23]) Capit. Suess. 744. c. 3.
[24]) V. Remigii. Praef. Migne 126 p. 1129 f. cf. Ep. ad episc. de iure metropolitanorum Opp. II 731. ep. 44. Caroli principis tempore . . . adeo ut Milo quidam . . . episcopia Remorum ac Trevirorum usurpans insimul per XL annos pessumdederit. Cuius infelici tempore de ista Remensi ecclesia non solum pretiosa quaeque ablata fuerunt, sed et ecclesiae atque domus religiosorum destructae et res ab episcopio fuere divisae. Nach dem Bekanntwerden der Vision des Eucherius und der ewigen Verdammnis jenes Karl, qui res ecclesiarum diviserat, . . . Pippinus, sicut et aliarum ecclesiarum episcopiis, huic Remensi episcopio partem . . . reddidit.
[25]) Hahn (Jahrb. p. 186) stellt diesen Sinn der Worte mit Unrecht in Abrede.

Abel eiectus est, et Remensis ecclesia per multa tempora et per multos annos sine episcopo fuit et res ecclesiae de illo episcopatu ablatae sunt, sicut et de aliis episcopatibus (Bouq. V. 593 f.).

Und dieser Brief ist nicht nur bisher noch von niemand angezweifelt, sondern scheint auf das Beste beglaubigt durch das uns erhaltene Glaubenbekenntnis Bischof Lull's von Mainz, das bei Gelegenheit der in unserem Briefe angeordneten Untersuchung über die Ordination desselben abgefasst ist[26]). Sieht man jedoch näher zu, so zeigt sich, dass die Beglaubigung sich nur auf denjenigen Teil des ganzen Schriftstückes erstreckt, der es eben mit Lull's Ordination zu tun hat[27]), und die Vereinigung zweier so durchaus fremdartiger Angelegenheiten, eines Auftrages von ganz vorübergehender Bedeutung und eines für das Bistum allezeit höchste Wichtigkeit bewahrenden Privilegs, entgegen der sonstigen Praxis der päbstlichen Kanzlei[28]), muss vielmehr sehr sonderbar erscheinen. Noch auffallender ist die weitschweifige Wiedergabe des angeblichen Tilpin'schen Berichtes über die vor 40 Jahren in Reims vorgefallenen Unregelmässigkeiten; sie hat nur dann Sinn, wenn der Verfasser des Schriftstückes für Leser, denen die Veranlassung desselben unbekannt ist, eine Exposition zu geben, oder Zweifeln an der Wahrscheinlichkeit der Erteilung eines solchen Privilegs zu begegnen wünscht, mit andern Worten, wenn es eine Fälschung ist. — Und eine Fälschung muss es sein. Nur so erklärt sich die Fülle von Anachronismen, die sich darin vorfindet. — Es ist schon von vornherein undenkbar, dass ein fränkischer Bischof zur Zeit Karls d. G. beim Pabste ein Privileg zum Schutze

---

[26]) cf. Böhmer-Will, Regesten der Mainzer Erzbischöfe I p. 40. Es liegt gar kein Grund vor, zwischen dem Briefe Hadrians und dem Glaubensbekenntnis einen Zwischenraum von mehreren Jahren anzunehmen (Abel Jahrb. Karls d. G. p. 161, p. 283.) Das letztere ist, wie ausdrücklich angegeben wird, durch die Untersuchung der drei Bischöfe veranlasst, Jaffé's Datierung zu 775 (Reg. No. 1846.) beruht jedenfalls nur auf Unbekanntschaft mit dem datierten Glaubensbekenntnis.

[27]) Iniungimus fraternitati tuae q. sq.

[28]) Vgl. das von Pabst Zacharias für Mainz erteilte Privileg, Jaffé III No. 81, und den gleichzeitigen Brief an Bonif. ibid. No. 80.

gegen Einziehung von Kirchengut durch den König oder gegen
Absetzung ohne päbstliche Mitwirkung nachgesucht haben sollte;
noch dazu ohne äussere Veranlassung, nachdem er das gewöhnliche, mit der Palliumserteilung verbundene Privileg schon erhalten
hatte[29]). Abgesehen von der absoluten Nutzlosigkeit eines solchen
Privilegs, wenn es erteilt wäre, hätte man derartige Conspirationen
sicher nicht ungestraft gelassen. Davon, dass Bischof Tilpin ein
Reformator im Stile des Bonifaz gewesen, ist uns nichts über-
liefert, und den Traditionen des fränkischen Episkopats wäre es
sehr zuwidergelaufen, gegen die Krone sich mit dem Pabste in
Verbindung zu setzen. — Dass das angebliche Privileg aus den
Verhältnissen viel späterer Zeit heraus geschrieben ist, zeigt ferner
die Schilderung des Notstandes unter Milo: „ad alios metropoli-
tanos episcopi et clerici ordinationes aliquando accipientes erant,
et refugia indebita habebant et a suis episcopis iudicari et distringi
non sustinebant." Zu Milo's Zeiten waren ganz andere Übelstände vorhanden, neben denen die angeführten geringfügig waren.
Damals gab es überhaupt noch keine Bischöfe, geschweige denn
Metropoliten; und für Menschen, die nur ein Zeitraum von 40 Jahren
von der Regierung Karl Martell's trennte, musste es einfach lächer-
lich erscheinen, wenn der Pabst sich beklagte, bei der Absetzung
Rigobert's nicht zugezogen worden zu sein. — Viel jüngere Er-
eignisse haben dem Verfasser als Modell gedient, es sind die Zustände nach Ebo's Absetzung i. J. 835. Während der hierauf folgenden Vakanz waren wirklich Entfremdungen von Kirchengut
vorgefallen[30]), damals waren die Ordinationen durch fremde Bischöfe
als Misstand empfunden worden[31]), damals konnte eine Mitwirkung
des Pabstes bei der Absetzung des Erzbischofs von Reims in Betracht kommen. — Und nun wird auch klar, in welcher Tendenz
die divisio mit der angeblichen Vertreibung Abel's in Verbindung
gesetzt worden ist; die Tatsachen, die in manchen Einzelheiten
dem Verfasser vielleicht unbekannt sein mochten, über deren all-

---

[29]) . . pallium tibi transmisisse nos cum privilegio, ut metropolis eccl.
Remensis in suo statu maneret, bene memoramus.
[30]) Urk. Karls d. K. 1. Okt. 845. Flod. III, 4.
[31]) cf. Flod. III, 11. Ss. XIII 486.

gemeinen Zusammenhang er sehr wohl unterrichtet sein musste, werden in der leichtfertigsten Weise zum Teil so erfunden, zum Teil so gruppiert, dass sie, die hier auf das Schärfste verurteilt, gegen deren Wiederholung die stärksten geistlichen Drohungen ausgesprochen werden, möglichst frappant denen von 840 gleichen. — Höchst verdächtig ist die Vertreibung Abel's — Pippin, der ihn eingesetzt hatte, zum Trotz; man wusste wohl eben nur nichts von dem Schicksale dieses Bischofs, wie denn ja auch sein Vorgänger Lando gänzlich in Vergessenheit geraten war[32]). Dagegen musste man wissen, dass Abel 744 eingesetzt war, konnte jedenfalls wissen, dass er noch am Concil von Lestinnes Teil genommen[33]), und dass Tilpin seit 747 im Amte war[32]). Aber man brauchte einmal hier einen Zusammenhang zwischen Vakanz und divisio, und konnte dafür Rigobert's Absetzung nicht brauchen, denn man glaubte allgemein, dass Milo damals sofort Bischof von Reims geworden sei; man erfand also eine Vertreibung Abel's und eine Vakanz von multa tempora et multi anni, und verlegte die divisio in dieselbe. — Der Fälscher aber kann nicht gut jemand anders sein, als Hinkmar, dem u. a. (cf. Roth B. W. p. 461) auch die tendenziöse Erfindung der Einführung der Nonen und Decimen durch Pippin und die Fälschung des angeblichen Kapitulars Karls d. G. vom Jahr 803 zur Last gelegt werden muss[34]). Ausser der durch diese Analogieen an sich gegebenen Wahrscheinlichkeit spricht für die Autorschaft Hinkmar's die Erwähnung eines Privilegs für Tilpin in einem Brief an Hinkmar von Laon[35]) in direkter Nachbarschaft mit dem berüchtigten Briefe des Pabstes Hormisda[36]), sowie das Auftreten des wohl bekannten Hinkmar'schen Ausdrucks „sola tonsura clerico"[37]) von dem es doch nicht eben wahrscheinlich ist, dass Hinkmar ihn aus einem alten Pabstbriefe sollte entlehnt haben. — Wenn die Bestimmungen des Pri-

---

[32]) cf. unten p. 37.
[33]) Jaffé, 59 cf. Loofs, Zur Chronologie der auf d. fränk. Synoden des hl. Bonifatius bezügl. Briefe der bonif. Briefsammlg. Diss. Leipz. 1881 p. 27.
[34]) Mühlb. Reg. No. 777 u. Mitt. d. Inst. f. öst. Gesch. I p. 608 ff.
[35]) Migne 126 p. 339.
[36]) cf. Roth, Ben. W. p. 462.
[37]) cf. Praef. zur V. Remig. Migne 125 p. 1129.

vilegs über Zuziehung des Pabstes bei Absetzung von Erzbischöfen auf Ebo leiten könnten, so ist zu sagen, dass doch auch Hinkmar daran gelegen sein musste, die Absetzung zu erschweren. Ebenso wenig kann gegen die Annahme der Abfassung durch Hinkmar das Verbot der Einsetzung eines Bischofs aus fremder Diöcese angeführt werden (Hinkmar gehörte bekanntlich nicht zum Diöcesanklerus), denn Hinkmar hat an anderer Stelle gelegentlich sogar selbst ausdrücklich auf das Erfordernis der Zugehörigkeit des zu erwählenden zum Diöcesanklerus hingewiesen[38]). Es verdient endlich noch erwähnt zu werden, dass die berührte Stelle des angeblich Hadrian'schen Privilegs (von „Et hoc interdicentes" bis „post tuam de hoc seculo evocationem") Wort für Wort aus dem des Pabstes Zacharias für die drei von Bonifaz gestifteten Bistümer entlehnt ist[39]). Unter Annahme der Echtheit des ersteren wäre eine solche Wiederkehr nur dann erklärlich, wenn beide Schriftstücke nach derselben oder nach verwandten Formeln abgefasst wären; nun ist aber diese Stelle die einzige, die Übereinstimmung zeigt, und weder für das eine noch für das andere Schriftstück findet sich eine Formel im Liber diurnus. Dagegen war eine solche Verwendung fremder Bruchstücke bekanntlich bei den Fälschern jener Zeit ausserordentlich beliebt, und die Verwendung gerade der Bonifazischen Briefsammlung nicht selten. — Es steht also Hinkmar gegen Hinkmar; aber Hinkmar in einer Fälschung mit deutlich erkennbarer Tendenz gegen Hinkmar in einem unverdächtigen, mit unsern anderen Zeugnissen übereinstimmenden historischen Bericht. Wir können nicht zweifelhaft sein, welcher Angabe wir den Vorzug geben. Die divisio in Reims ist unter Karl Martell erfolgt.

---

[38]) Ad clerum et plebem Bellov. (Migne 126 p. 258 f.) . . . et de ecclesia *vestra* . . . eligatis episcopum, sicut, cum de eligendo atque constituendo episcopo ageret, Tito et Timotheo Paulus depingit apostolus. Et si, quod absit, de civitatis ac paroeciae vestrae clericis ordinandus episcopus nullus dignus vel idoneus summo sacerdotio, quod evenire non credimus, potuerit inveniri, tunc alterum de altera dioeceseos vestrae (auch das fehlte bei Hinkmar) ecclesia, unde nobis secundum Afric. conc. . . ordinandi quemquam canonice electum . . est attributa licentia, eligere procurate.

[39]) Jaffé III, 44.

Natürlich behalten auch Angaben der von uns als falsch erkannten Urkunde immerhin ihren Wert als Zeugnisse Hinkmar's; wir werden ihnen gern folgen, wofern sie nicht mit der Absicht der Fälschung in Verbindung stehen. So ist es gewiss nicht geeignet, die Behauptung, die Reimser divisio falle in die Vakanz nach Abels Vertreibung, zu unterstützen, wenn vorher die divisio in anderen Bistümern als gleichzeitig mit der Einsetzung Milo's erwähnt wird; umso mehr Vertrauen werden wir der Angabe schenken dürfen.

Wenigstens mit einem Beispiel sind wir im Stande sie zu belegen. In Le Mans, das allerdings nicht zur Reimser Erzdiöcese gehörte, hatten zwei Laien, Hrotgar und Charivius von Karl Martell den Genuss der weltlichen Güter des Bistums erlangt und eine Gewaltherschaft aufgerichtet. Nach der Darstellung der Acta episcoporum Cenom. hätte das jedoch keine Einwirkung auf den Besitzstand des Bistums gehabt: 36 zu demselben gehörige Klöster hätte Bischof Gauziolen im kanonischen Zustande übernommen; eine Beraubung der Kirche, und zwar eine sehr weitgehende, sei erst unter Karl d. Gr. eingetreten, der den Inhabern der durch Gauziolen massenhaft vergebenen Prekarien nach des Bischofs Tode diese als königliche Beneficien überlassen habe. — Wie unsicher diese Überlieferung ist, lässt uns eine spätere Stelle desselben Werkes erkennen: in c. 21. heisst es, Karl habe sich, nachdem er den Bischof Franco eingesetzt, erinnert, dass er propter quandam machinationem des Bischofs Gauziolen die Kirche von Le Mans ihrer Güter beraubt habe. Damit kann nicht der oben erzählte Vorgang gemeint sein, unmöglich kann etwas, was nach dem Tode des Bischofs geschehen, als Strafe für ihn aufgefasst werden. Aber auch die zweite Version klingt abenteuerlich: erstens weiss man nichts Weiteres von jener machinatio des Gauziolen, was, da sie erst unter Karl verübt sein soll, und doch, um eine solche Strafe herauszufordern, recht arg gewesen sein muss, verwunderlich ist. Dann aber ist diese Art der Strafe überhaupt auffällig: wir

---

[40]) . . et donatus fuit ille episcopatus . . Miloni . . et alii episcopatus de ipsa Remensi diocesi diverso modo essent divisi.

hören wohl mehrmals, einem Bistum sei wegen Verschulden seines
Bischofs dies oder jenes Gut weggenommen; von einem Verfahren,
wie dem angeblich hier eingeschlagenen niemals; es würde unge-
rechter Weise mit dem Bischof und noch weit schwerer, als ihn,
das Bistum geschädigt haben; Karls Verfahren gegen Bischof
Joseph v. Le Mans (Acta c. 20.) und Bischof Petrus v. Verdun[41])
zeigt, dass dem Könige ganz andere Mittel zur Züchtigung von
Bischöfen zu Gebote standen. Zu dem allen kommt, dass Gauziolen allerhöchstens noch drei Jahre unter Karl gelebt haben
kann, und das im hohen Alter[42]); was soll er da noch verbrochen
haben? Der Verfasser denkt wohl hier an die Grausamkeit, die
er ihn an dem jüngeren Bischof Herlemund hat verüben lassen.
Die Strafe dafür wäre unter Karl etwas verspätet[43]). Kurzum, es
ist Sumpfboden, worauf wir uns hier bewegen; der Verfasser hat
zwischen ganz dunkeln historischen Reminiscenzen[44]), die ihm vielleicht zum Teil schriftlich vorlagen, einen ursächlichen Zusammenhang construiert, wie er ihm wahrscheinlich war, oder wie er
ihm zur Anbringung von allerhand Nutzanwendungen für die Ge-
genwart dienlich erschien, und giebt nun unterschiedslos Alles als
Überlieferung. Besonders ist der Bischof Gauziolen der Sünden-
bock, auf den alles gehäuft wird: so soll er auch die Klöster des
Bistums an seine Verwandten und Klienten gegeben haben. Wahrscheinlich hat zu dieser Behauptung Anlass gegeben die grosse
Zahl der Prekarien auf den Namen dieses Bischofs, die der Verfasser in dem von ihm fleissig benutzten Bistumsarchiv vorgefunden
haben wird. Nur ist der Schluss den er daraus gezogen, verfehlt,

---

[41]) Capit. Francof. Leg. I, 73., Gest. Vird. c. 14.

[42]) I. J. 722 ist sein Bruder Heriveus Repräsentant des Bistums; wenn
Gauz. auch wohl jünger war, wird doch seine Geburt nicht später als
ca. 700 anzusetzen sein. Zur Zeit von Karls Regierungsantritt war er also
ein Siebenziger.

[43]) Über die Lügenhaftigkeit u. die Tendenz der Erzählung von der
Waffenfeindschaft zwischen Pippin und Gauz. cf. Oelsner p. 369.

[44]) So zweifele ich nicht, dass nach dem Tode Gauziolens irgend etwas
mit den Bistumsgütern vorgefallen ist, und dass der vicedominus Abraham
dabei beteiligt war, nur hindert uns die Darstellung unserer Quelle, zu erkennen, was das eigentlich gewesen.

denn die Schreibung der Prekarien war vielmehr schon eine
Besserung des Zustandes: das viel Ärgere, das vorhergegangen,
die einfache Beraubung der Kirche, hatte nur keine schriftlichen
Spuren hinterlassen. Einen weit sichereren Anhalt, als die Combi-
nationen eines unzuverlässigen Schriftstellers, geben uns die in den
Gesta Aldrici c. 62 ff. enthaltenen Prekarien. Sie sind zwar zum
Teil aus Karls d. Gr. Regierungszeit datiert, man würde aber sehr
fehl gehen, wenn man darum die Einziehung der Güter, für die
sie geschrieben, ebendahin setzen wollte. So ist die in c. 63. enthaltene Prekarie als Neuerteilung stilisiert, aber ein Vergleich mit
der von c. 62. lässt sie als die wörtliche Wiederholung dieser um
etwa 40 Jahre früheren Urkunde erkennen, lediglich mit Abän-
derung der Namen, die in der Zeugenreihe nicht einmal durchgeführt ist. Wir haben ein Beispiel der bekanntlich gesetzlich
vorgeschriebenen fünfjahrigen Erneuerung vor uns. Dass die in
c. 64—66 derselben Art sind, sehen wir aus den darin stehen
gebliebenen Namen des Bischofs Merolus, der 797 und 800, als
die Urkunden ausgestellt wurden längst tot war[45]). Alle Wahrscheinlichkeit spricht dafür, dass sie auch nicht unter Merolus,
sondern ursprünglich, wie die von c. 62. unter Gauziolen ausgegeben
sind. Aber schon diese letztere allein würde ausreichen, um zu
zeigen, dass schon im Jahre 751/2 ein grosser Teil des Kirchen-

---

[45]) Das, was von der Zeitfolge dieses und der vorhergehenden Bischöfe
sicher ist, sei, den gewöhnlichen, schwankenden Angaben gegenüber, hier
einmal festgestellt:
Franco I, ord. 26. Sept. 793, † 30. Jan. 816. Act. Cen. c. 21.
Joseph ca. 9 Jahre, seit ca. 784. ibid. c. 20.
Merolus urkdl. 19. Febr. 774 (Mühlb. Reg. No. 156.) und 1. Mai 778 (Act.
Cen. c. 14 p. 209) 30 Jahre, wie die Acta sagen, kann er nicht ge-
sessen haben.
Hoding 2 Jahre Act. c. 18 p. 245.
Gauzlenus urkdl. 744 Act. c. 16 p. 236, 762 conv. Attin. (Leg. I, 30) † nach
768 Act. c. 17—18 p. 244 f.
Weder kann er 782 gestorben sein, noch ist es gerechtfertigt, ihm
darum, weil er nicht 50 Jahre, wie die Acta sagen, gesessen haben
kann, 40 Jahre zu geben, noch endlich ist irgend wo gesagt, dass
Bisch. Herlemund 738 gestorben sei. Wir wissen nur, dass zwischen
diesem, der zuletzt 5. März 722 erwähnt wird (Pard. II 523.) und
Gauzlen eine Vakanz von mehreren Jahren liegt (Act. c. 16 p. 228.)

vermögens an Laien verteilt war, sie betrifft einen recht bedeutenden Gütercomplex, der auf Befehl des Königs an die Kirche zurückgegeben und nunmehr als Prekarie genommen wird. Vorher also waren diese Güter ganz formlos weggegeben; seit wann, wird nicht gesagt, aber es kann nicht zweifelhaft sein, dass dies mit der vorangegangenen Vakanz in Zusammenhang zu bringen ist. Die näheren Umstände dieser divisio in Le Mans sind geeignet, das Zeugnis des Pseudo-Hadrian'schen Privilegs über die Bistümer der Reimser Diöcese sehr zu empfehlen: es entspricht vollkommen den Worten desselben: et alii episcopatus de ipsa Remensi diocesi diverso modo essent divisi et aliqui ex magna parte sine episcopis existentes, wenn wir in Le Mans Vakanz und Kirchenberaubung zusammentreffen sehen.

Dass dieser Zusammenhang über die Grenzen der Reimser Diöcese, mit der allein es jenes Schriftstück zu tun hat, hinaus von Bedeutung gewesen ist, lässt auch Hinkmar an einer andern Stelle erkennen[46]): ita ut episcopis in paucis locis residuis, episcopia laicis donata et per eos rebus divisa exstiterint. — Die Stelle ist auffallender Weise bisher noch nie genügend beachtet, und doch giebt es keine andere, die, wie auf den Zustand der Kirche unter Karl im Allgemeinen, so besonders auf Umfang und nähere Umstände der divisio ein so scharfes Licht würfe; sie verdient wohl, dass man sich nach Bestätigung und Erklärung für sie umsehe, Karl Martells Vergabungen von Bistümern an Laien einmal auf ihre Bedeutung für die divisio prüfe.

In einem solchen Ringen auf Leben und Tod, wie die Adelskämpfe es waren, war Karl Martell nicht im Stande, bei Besetzung der Bistümer den Massstab des frommen Lebenswandels, der kirchlichen Gesinnung oder Gelehrsamkeit anzulegen. Dafür waren die Bistümer politisch viel zu wichtig; eben in ihrem Besitz hatte die Aristokratie ihren festesten Halt gefunden; gelang es, ihr eines oder das andere davon zu entreissen, so kam alles darauf an, Männer an diese Stellen zu setzen, die Karls Interessen den lokalen Einflüssen gegenüber mit allem Nachdruck zu vertreten im Stande, und alle Kräfte

---

[46]) V. Remig. p. 1129.

des Landes für ihn flüssig zu machen Willens waren. Anderseits durfte Karl seinen Anhängern nicht weniger bieten, als man auch ohne ihn und im Gegensatz zu ihm zu behaupten hoffen konnte, und, wollte er nicht das Hausgut verschleudern, so waren diejenigen Bistümer und Abteien, in denen sein Einfluss geltend war, das Einzige, worüber er zu ihren Gunsten verfügen konnte. Naturgemäss fanden sich aber sehr selten in Männern, wie Karl sie brauchte, auch die Forderungen erfüllt, die die Kirche an ihre Diener zu stellen hat. Der vortreffliche Heddo, Pirmins Schüler und Nachfolger in Reichenau, verdankte, wenn er auch für sein Kloster bei Karl gegen die Gewalttaten des Alamannenherzogs Theodebald Schutz fand, doch seine im Jahre 734 erfolgte Erhebung auf den Bischofsstuhl von Strassburg wohl mehr seiner Abstammung aus dem elsässischen Herzogshause, als der Anerkennung seiner kirchlichen Tugenden von Seiten Karls[47]). Und was die Lobsprüche anbetrifft, die der Chronist von S. Wandrille der theologischen Bildung Hugos, des Neffen Karls, erteilt, der von seinem Oheim die Bistümer Rouen[48]), Paris und Bayeux, die Abteien S. Wandrille und Jumièges erhielt, so dürften dieselben zum grossen Teil aus der Dankbarkeit eines begünstigten Klosters für reiche Güterschenkungen fliessen.

Aber die meisten von denen, die Karl Martell zur Bekleidung eines politisch so wichtigen Postens für geeignet hielt, werden überhaupt nicht geneigt gewesen sein, die immerhin mit moralischer Verantwortlichkeit verbundenen geistlichen Weihen auf sich zu nehmen: es musste möglich gemacht werden, sie auch ohne diese in den Genuss der liegenden Güter zu setzen, auf die allein es ja ankam. Später hat man sich an irgend eine bestehende Form hier überhaupt nicht mehr gebunden; anfänglich hat man vielleicht

---

[47]) Herim. Aug. Ss. V p. 98., Grandidier I, 264.

[48]) Gest. Font. c. 8. Ss. II p. 280. Dort (Z. 48) wird erzählt, er sei in Rouen seinem i. J. 707 (statt 708) gestorbenen Vater Drogo gefolgt; jedenfalls nicht direkt, denn er ist 21. Jun. 713 noch Laie (Gest. Font. c. 8. cf. Mühlb. Reg. No. 26.), 25. Jun. 715 noch sacerdos (Urk. Pard. II No. 493. p. 301. Über die Echtheit derselben cf. Mühlbacher Forsch. 19 p. 457 ff.). Der Katalog in dem Chron. Rotom., dessen Zahlen doch nicht ganz zu verachten sind, lässt ihn erst 722 Bischof werden.

an die alte Sitte oder Unsitte der fränkischen Bischöfe, sich bei
eigenen Lebzeiten Nachfolger zu ernennen, angeknüpft, nur dass diese
nun nicht consekriert wurden[49]). Wir finden wenigstens in dieser
Zeit mehrfach in demselben Bistum zwei Namen von Vorstehern
neben einander. Der Bischofskatalog von Noyon nennt einen „Wido
cum Euticio[50]." So kurz diese Notiz ist, wir können doch daraus
entnehmen, dass sich hier zwei Männer in die Gewalt über das Bistum
geteilt haben: der eine, Euticius, ist offenbar Bischof gewesen, die
Kirche hat ihn später als Heiligen verehrt[51]); vielleicht war er wie
Eucherius von Orléans weniger dies, als ein politischer Märtyrer. In
dem andern meine ich denjenigen Wido erkennen zu dürfen, von
dem die Gesta Fontanellensium (c. 11. Ss. II p. 284) erzählen, dass
er, ein Verwandter Karls, die Abteien S. Vaast[51]) und S. Wandrille
erhielt, sich aber nichts desto weniger in eine Verschwörung ein-
liess und deshalb enthauptet wurde; sie wissen von ihm, dass
er mehr von Krieg und Jagd, als vom Gottesdienst verstanden
habe, und nennen ihn einen saecularis clericus; genauer sind sie
nicht über ihn unterrichtet, da er S. Wandrille nur ein Jahr be-
hielt, und so können sie sich auch in jener Bezeichnung irren,
Wido war wohl einfach ein Laie, vielleicht ist es der Bruder
Milos[52]), der Stammvater der Markgrafen von Spoleto, die Nähe
von Noyon an Reims spräche dafür.

Auch in Le Mans finden wir — hier sogar in einer Urkunde — zwei Repräsentanten des Bistums auf einmal: Theoderich IV

---

[49]) cf. Loening, Gesch. d. d. Kirchenrechts II p. 193 ff. — Das Testament des Bisch. Berarius von Le Mans (Act. Cenom. c. 15, Mabillon Analect. III p. 213 ff.) kennt schon den Nachfolger desselben, Herlemund. —
Gest. epp. Autiss. c. 27. Ss. XIII, p. 394. Die Ordination des Theodramnus
zu Ainmars Lebzeiten hängt nicht etwa mit dessen Absetzung zusammen;
die grossen Schenkungen, die A. aus seinem Privatvermögen mit Zustimmung seines Nachfolgers an verschiedene Kirchen macht, können natürlich
nur vor der Confiskation seiner Güter gemacht sein.

[50]) Eunucius, in welcher Form der Name bei Potthast zu finden, ist
offenbar nur eine Verstümmelung von Euticius (= Eutychius). Ss. XIII, 383.

[51]) cf. auch den Katal. v. S. Vaast Ss. XIII 382, wo aber die Jahres-
zahl 689 falsch ist (679? cf. V. S. Eusebiae Mab. Act. II 985, V. S. Leode-
garii, c. 17 p. 673).

[52]) Forsch. III, 153.

erteilt im zweiten Regierungsjahre am 5. März (722) eine besondere Immunitätsbestätigung für eine dem Bistum gehörige Villa[53]), und nennt als Empfänger der Urkunde unvermittelt neben einander vir apostolicus Herlemundus episcopus, illuster vir Charivius, qui matrem ecclesiae Cenomannicae — in regimine habere videtur, nachher zweimal allein Carivius. Wir entnehmen daraus, dass der Graf Hrotgar und sein Sohn Heriveus nicht, wie die Acta Cenom. c. 16 (p. 228.) erzählen, erst nach dem Tode Herlemunds die Gewalt an sich gerissen haben, vielmehr schon bei dessen Lebzeiten die wahren Inhaber des Bistums gewesen sind, neben denen jener nur eben noch erwählt wird[54]). — Über den Bischof Herlemund scheint man Aufschluss zu gewinnen aus der fabelhaften Erzählung der Acta (c. 17 p. 239.) von einem angeblich zweiten Bischof dieses Namens: Pippin soll, als er nach mehreren Jahren entdeckt, dass Hrotgar und Charivius den Gauziolen hinter seinem Rücken zum Bischof gemacht hätten, diesem Herlemund in der Metropole (!) Köln haben die Weihe erteilen und ihn in das Bistum einführen lassen. Die Tyrannen hätten ihn aufnehmen müssen, und so habe er 9 Jahre das Amt geführt, dann aber habe ihn Gauziolen bei einem Gastmahle, zu dem er ihn geladen, blenden lassen, worauf er sich in ein Kloster bei Bayeux, dessen Abt sein Bruder gewesen sei, zurückgezogen habe; Pippin habe den Gauziolen zwar ebenfalls mit Verlust des Augenlichtes bestraft, ihm aber das Bistum gelassen. Die freche Erfindung sieht diesem Bericht aus den Augen[55]), dennoch ist es sehr wahrscheinlich, dass echte Überlieferung darin enthalten ist. Besonders spricht dafür die Nennung des Klosters bei Bayeux mit Namen „Duas Gemellis." Die Blendung des Bischofs Herlemund (ob nun auf Karls Befehl, oder wirklich rein von jenen Machthabern ausgehend, muss dahingestellt bleiben, keinesfalls aber durch den viel später eingesetzten Gauziolen) und seinen Aufent-

---

[53]) Act. Cen. c. 5. Mabill. Anal. III, 227. Pardessus (II No. 523.) will sie nicht als echt gelten lassen, aber schon allein die Zusammenstellung jener beiden Empfänger giebt Gewähr für die Echtheit.

[54]) Schon i. J. 710 erscheint Crodegarius dux in dominierender Stellung im Bistum. cf. das oben angeführte Testament des Berarius, Act. Cen. c. 15 p. 214.

[55]) cf. auch Oelsner p. 369.

halt in jenem Kloster wird man wohl als Tatsachen annehmen können, nun aber nicht auf jenen erfundenen zweiten, sondern auf den beglaubigten ersten Bischof des Namens beziehen. Weiteren Aufschluss geben die Verhältnisse in Reims: Bischof Rigobert wird wegen seines zweifelhaften Verhaltens in Karls Kampf mit Raginfred, nachdem derselbe sich zu Gunsten des ersteren entschieden, verbannt, die Bistumsgüter werden an die Widonen gegeben[56]). Nach einiger Zeit aber kehrt Rigobert zurück, liest die Messe in der Kathedrale und wird unbehelligt gelassen[57]), erhält sogar von Theoderich IV. Urkunden[58]), wahrscheinlich in Gemeinschaft mit jenen, wie Herlemund mit Charivius in Le Mans. Sein Nachfolger ist dann ein gewisser Lando, der von 731 bis zu seinem Tode, 734, die Abtei S. Wandrille inne hatte[59]). Wie wenig er in Reims neben Milo bedeutete, zeigt, dass er sein Begräbnis in jenem Kloster erhielt, wie er denn zu Flodoards Zeit gänzlich in Vergessenheit geraten war, — derselbe muss nicht einmal für ihn ausgestellte Urkunden vorgefunden, oder solche mit denen eines früheren gleichnamigen Bischofs vewechselt haben. Wahrscheinlich erhielt er eben deshalb dies und noch ein anderes Kloster von Karl, weil er von seinem Bistum keine Einkünfte bezog. Später wurde Abel einfach eingesetzt, von einer Absetzung Milos ist keine Rede, er giebt auch das Kirchengut nicht heraus, ja er muss, wenn seine Gewaltherrschaft wirklich 40 Jahre dauerte (frühestens 717 — 757)[60]), und wenn Tilpin wirklich 47 Jahre[61]), d. h. seit 747[62]), oder auch nur wenig über 40 Jahre[63]) das bischöfliche Amt bekleidete, noch in dessen Zeit hineingereicht haben,

---

[56]) Es kommt hier nichts darauf an, ob Leodewin oder Milo der erste war, der sie erhielt, jedenfalls starb der erstere bald.
[57]) Flod. II, 12. Hincm. ad Hincm. Laud. Migne 126 p. 516.
[58]) Flod. II p. 459. Z. 31. Dass diese nicht vor seiner Verbannung gegeben sein können, erhellt daraus, dass die Schlacht bei Vincy 717 stattfand, und Theoderich IV erst 720 zur Regierung gelangte.
[59]) Gest. Font. c. 9. Ss. II 281.
[60]) Hincm. V. Remig. Praef. Migne 125, p. 1129.
[61]) Flod. II 17.
[62]) Er starb 794, Hincm. de villa Noviliaco. Migne 125 p. 1121 ff.
[63]) Hinkmar sagt in seiner Grabschrift auf ihn (Migne 125 p. 1201.) nur, dass er über 40 Jahre Bischof gewesen sei; dass H. es nicht genauer

jedenfalls wird er noch 751 als lebend erwähnt[64]). Milo ist überhaupt in Reims gar nicht Bischof gewesen[65]), hat diese Würde dort auch gar nicht in Anspruch genommen[66]), aber seine Stellung beruhte auch nicht auf blosser Usurpation, sondern auf einem Rechtsakt; der Genuss der Güter ist ihm durch den Herscher übertragen. Und so muss es auch in Le Mans mit Charivius, in Noyon mit Wido gewesen sein. Hätten sie gar keine rechtlich anerkannte Stellung gehabt, so hätte der eine nicht eine Urkunde für das Bistum erhalten können, wäre der andere nicht im Kataloge aufgeführt. Bischöfe, wie Rigobert, Herlemund, Euticius sind nicht ihres geistlichen Amtes entkleidet, unter Umständen nicht einmal verhindert, dasselbe zu verwalten, aber die Verwaltung des Kirchenvermögens ist ihnen entzogen und Laien oder Inhaber anderer kirchlicher Ämter damit beauftragt. Dies scheint das gewöhnliche Verfahren bei diesen sogenannten „Absetzungen" gewesen zu sein, bei dem man dann allerdings der Mitwirkung einer Synode, die allein des kirchlichen Amtes hätte entkleiden können, nicht bedurfte; auch Eucherius von Orléans hat warscheinlich nicht bei seinen Lebzeiten einen Nachfolger erhalten[67]) der Ainmars von Auxerre war schon vor dessen Verbannung sein Mitbischof.

---

gewusst hätte, ist daraus nicht zu entnehmen, er war ja doch nicht verpflichtet, die Zahl 47 in einen Hexameter zu bringen.

[64]) Ep. Zach. Jaffé III, 80 p. 224.

[65]) Es lässt sich damit vergleichen, wenn Hugo, der Bisch. von Rouen, der auch Paris inne hat, von dem Chronisten von S. Wandrille (Ss. II p. 280, Z. 48 ff.) nicht Bischof v. Paris, sondern nur rector sive procurator urbis Parisiacae genannt wird. Ähnlich heisst es auch von Ludwigs d. Fr. Bruder Drogo, der mit dem Bistum zugleich die Priesterweihe und erst später die bischöfliche Ordination erhielt: (Ludw.) Drogonem . . . Mettensi ecclesiae . . . rectorem constituit eumque ad pontificatus gradum censuit promoveri. (Ann. Einh. Ss. I, 201; cf. Simson Jahrb. Ludw. d. Fr. I 197).

[66]) Er war aber auch nicht Laie (Hahn, Pippin p. 29) sondern in Trier wirklich Bischof und für den geistlichen Stand von vornherein bestimmt: in der Urk. v. 1. Febr. 706. Beyer, Mittelrh. Urkbch. No. 7a. erscheint er als Diaconus.

[67]) Die grosse Verwirrung, die an dieser Stelle im Bischofskatalog herscht, deutet auf eine lange Vakanz. Soavaricus ist in zwei zerlegt und mehrere Namen dazwischen eingeschoben, auf Eucherius folgen vier zum Teil unsinnige, z. T. durch ihren Anklang unter einander verdächtige Namen

In den besprochenen Fällen ist das Verhältnis zweifellos: neben einem geistlichen steht ein weltlicher, neben einem geweihten ein ungeweihter Bischof, oder vielmehr neben einem Bischof ein Inhaber des Kirchengutes. In der Mehrzahl der Fälle aber fehlte der erstere überhaupt: Lando von Reims ist der einzige, der in ein solches der Einkünfte beraubtes geistliches Amt neu eingetreten ist. Natürlich! niemand wird sich dazu gedrängt haben. In Le Mans bleiben nach Herlemunds Tode Hrotgar und Charivius ohne Rivalen, es wird überhaupt kein Bischof mehr ernannt; und dasselbe müssen wir für die andern in gleicher Lage befindlichen Bistümer annehmen, auch Reims erhielt nach Landos Tode unter Karl Martell keinen neuen Bischof. Diese Praxis muss nun allmälich ganz allgemein geübt und auch auf diejenigen Bistümer übertragen worden sein, bei denen nicht vorher das politische Verhalten des Bischofs zu gesonderter Vergabung des Kirchenvermögens Anlass gegeben hatte: nach dem Tode des Bischofs wurde das geistliche Amt unbesetzt gelassen[68]) und das Bistumsgut an einen Laien gegeben, den man mit den kirchlichen Weihen unbehelligt liess.

Dies ist der Zustand, den Bonifaz in seinem Bericht an den Pabst vom Jahre 742[69]) schildert: Modo autem maxima ex parte per civitates episcopales sedes traditae sunt laicis cupidis ad possidendum, vel adulteratis clericis, scortatoribus et publicanis seculariter ad perfruendum. Waitz (V. G. III p. 13.) sieht in diesen Worten den Sinn, Karl habe die geistlichen **Stellen** an Laien gegeben, wobei es allerdings nur auf die damit verbundenen welt-

---

(Bertinus, Adalinus, Nadatimus, Deotimus), bis man mit Theodulf (s. c. 798) endlich festen Boden gewinnt.

[68]) Nachweisbar sind in dieser Zeit Vakanzen in Metz, seit spätestens 732 (cf. Exc. 1); in Verdun (Gest. epp. Vird. Ss. IV, 43.); in Rouen, wo Ratbert, der Nachfolger Hugos (seit 730.) nur 4 Jahre sein Amt bekleidete (Gall. Chr. XI, 18. No. 27 nach einem Katalog, wahrsch. dem aus dem 9. Jh. stammenden aus S. Wandrille, ibid. XI, 9. No. 10.) und erst 743 Grimo ordiniert wurde; in Utrecht, wo Willibrord 739 starb und erst Karlmann Bonifaz mit der Ordination eines neuen Bischofs beauftragte (Jaffé III 260. Nr. 107.). Über Lyon cf. unten.

[69]) Jaffé III No. 42, p. 112.

lichen Rechte und Besitzungen angekommen sei[70]). Ich will nicht
leugnen, dass auch hierauf die Worte des Bonifaz passen würden;
der Gedanke des Satzes: die an jene Kleriker gegebenen Bistümer
seien vermöge der weltlichen Nutzungsart derselben nicht viel
besser daran, als die in Laienhänden befindlichen, ist aber weit
schärfer, wenn dabei vorausgesetzt wird, die hier bezeichnete Vergabung der Bistümer an Laien ziehe die Behandlung als Laien-
güter selbstverständlich, als einfache rechtliche Consequenz nach
sich, was ja bei einer blossen Besetzung des bischöflichen Amtes
mit einem Laien nicht der Fall wäre. Es muss auch, wenn man
den Satz liest, auffallen, dass der Nachdruck nicht allein auf laicis
und seculariter liegt, sonst müsste laicis an letzter Stelle stehen,
sondern noch mehr auf den Worten: ad possidendum und seculariter ad perfruendum; es ist also ein Gegensatz vorhanden[71]):
nur ein perfrui ist das Recht des Bischofs, ein seculariter perfrui
ist aber ebenso verwerflich, als ein possidere durch Laien, d. h.
ein Innehaben, ohne durch Bekleidung des bischöflichen Amtes
dazu berechtigt zu sein[72]).

[70]) Dass Karl mehrfach Vakanzen eintreten liess und über die Güter
und Einkünfte der vakanten Stifter zu seinen und seiner Getreuen Gunsten
verfügte, sagt auch Waitz (p. 14.) aber er stellt dies zu den Bonifazischen
Worten, die ihm als Beleg (p. 13. N. 2.) für Vergabung geistlicher Ämter
dienen, gerade in Gegensatz („Andere Stifter werden eine Zeit lang gar
nicht eigentlich besetzt . . .). Die Stelle der V. Euch. c. 7, die Waitz anführt, „ut beatum virum cum omni propinquitate eius exilio deputaret ho-
noresque eorum quosdam propriis usibus adnecteret, quosdam vero suis
satellitibus cumularet" bezieht sich offenbar weniger auf Bistümer, als auf
Abteien und weltliche Ämter; es werden nicht so viel Bischöfe in der
Familie gewesen sein, dass man ihre Bistümer gleich massenweise an die
Gefolgsleute hätte vergeben können.

[71]) Wenn man früher ad possidendum zu cupidis bezog, (cf. Oelsner
p. 1.) so kam das nur daher, dass man an keinen Gegensatz in der Art
des Innehabens dachte; ohne einen solchen ist das ad possidendum über-
flüssig.

[72]) Dass im Mittelalter die Stelle nicht anders verstanden worden ist,
zeigt der gefälschte Brief Hadrians I an Bisch. Bertharius v. Vienne (Jaffé
Nr. 317.) bei Hugo Flav. Ss. VIII p. 344., der offenbar den Bonifazischen
Brief ausschreibt: ubi inter alia eum monuimus de metropolitanorum honore
et *de civitatibus, quae laicis hominibus traditae erant*, et quia episcopalis dig-
nitas fere per 80 annos esset conculcata.

Entscheidend für diese Auffassung ist der Vergleich mit den einzelnen concreten Fällen, die wir oben kennen lernten, und die Bestätigung durch einen späteren Schriftsteller, der, wenn er nicht die Worte des Bonifaz selbst im Sinn hat, jedenfalls dieselben Verhältnisse bezeichnen will: Hincmar sagt in der Vorrede zur Vita Remigii (Migne 125 p. 1129.): ita, ut *episcopis in paucis locis residuis*, episcopia laicis donata . . exstiterint. Deutlicher kann man nicht reden: wenn es nur in den wenigsten Bistümern noch Bischöfe giebt[73]), die andern an Laien vergeben sind, so ist es klar, dass diese letzteren eben keine Bischöfe sind, aber die Stelle der Bischöfe einnehmen[74]).

Also in Karl Martells ganzem Reich waren die Bistümer mit wenigen Ausnahmen in derselben Lage, wie das von Le Mans, das Kirchenvermögen überall in Händen von Männern, wie Hrotgar, Charivius, Wido. Es braucht nicht gesagt zu werden, dass dies die verhängnisvollsten Folgen haben musste: der Zweck der ordnungswidrigen Verleihung von Bistümern an Laien konnte nicht nur sein, diese wenigen Männer in den Besitz eines grossen Einkommens zu setzen, sondern durch sie sollten die Bistumsgüter den Zwecken des Herschers dienstbar gemacht werden. Zum Überfluss haben wir das doppelte Zeugnis Hinkmars dafür, in der epist. Hadr.: et alii episcopatus de ipsa Remensi diocesi diverso modo essent divisi et aliqui ex magna parte sine episcopis

---

73) Man wird hier nicht residuis = residentibus fassen und den Sinn ausgedrückt finden wollen: die Bischöfe leben am Hofe. Der Ablativ steht in einem ganz bestimmten Verhältnis, dem der Erklärung, zu den Worten episcopia laicis donata, jene Deutung würde eine umgekehrte Satzconstruktion erfordern.

74) Ähnliches findet sich dann in späterer Zeit öfter. Ado Chron. Ss. II p. 320. Post Adonem nepos eius Hilduinus paululum Lugdunensem ecclesiam, non episcopus, tenuit; Abt Waldo v. S. Gallen verwaltete interimistisch das Bistum Pavia (Transl. Sanguin. Dom. c. 3., c. 11. Ss. IV. 447); Reims wurde von 835—845 durch die Äbte Fulco und Notho verwaltet; von dem ersteren sagt Karl d. K. in seiner Urk. v. 1. Okt. 845 (Flod. III, 4.): quicquid ex eodem episcopatu, quando *de manu Fulconis illud recepimus*, alicui praestito beneficio concessimus. Ein solches Verhältnis scheint auch Hinkmar im Auge zu haben, wenn er bei Aufzählung verschiedener bischöflicher Verwaltungen in Laon sagt: et quando episcopatus vacavit in Ailemaro. (Brief an Hinkm. v. Laon, Migne 126 p. 542.)

existentes; und in der V. Remigii: episcopia laicis donata et per eos rebus divisa exstiterint[75]).

Ein Beispiel bieten die Vorgänge in Langres dar, mögen sie nun, wie Hahn (p. 15.) wahrscheinlich macht, noch vor den Tod Karls, oder erst in Pippins eigentliche Regierungszeit fallen. Die Chronik von Bèze erzählt, Pippin habe die Güter des Bistums Langres — der Bischof war entweder gestorben oder ihm (etwa wegen Beteiligung an Unruhen des Jahres 741) die Verwaltung entzogen — an seinen Bruder Remigius verliehen, und dieser habe sie an sein Gefolge verschleudert; so auch das Kloster Bèze, das erst, nachdem Remigius entfernt, und das Bistum wieder in der Hand rechtmässiger Bischöfe war, dem Weibe, dem Remigius es zur Ausbeutung überlassen hatte, weggenommen wurde[76]).

Von der Beobachtung irgend einer kirchlichen Rechtsform ist keine Rede: durchaus unrechtmässig, wie die Verleihung der ganzen Bistumsvermögen an Laien, ist auch die Verteilung der Güter durch sie; da sie keine Bischöfe waren, konnten sie auch keine Prekarien ausstellen. Und gerade dies war für die Kirchen das Gefährlichste, denn wenn sich auch der König, als dessen Beneficien die Güter galten, jederzeit die Rücknahme vorbehielt,

---

[75]) Die Überweisung ganzer Bistümer und Abteien an Weltliche ist also nicht als Argument dafür geltend zu machen, dass Karl, was die Möglichkeit der Verfügung über Kirchengut anbetraf, schlechter als seine Söhne gestanden habe (Kaufm. p. 91. „Oft hat Karl aber den andern Weg eingeschlagen, seinen Grossen die Bistümer und Abteien gleich ganz zu überweisen. Zu einem so verzweifelten Mittel hätte K. M. gewiss nicht gegriffen, wenn er die von den Söhnen in Anspruch genommene Verfügung über das Kirchengut schon besessen hätte"). Erstlich geschahen diese Überweisungen gerade zu dem Zwecke, die Bistumsgüter für die Beneficienverteilung umso energischer nutzbar zu machen, und zweitens ist die Verleihung der Bistumsvermögen ohne die geistlichen Stellen eine viel weiter gehende Verfügung über Kirchengut als die blossen precariae verbo regis.

[76]) Chron. Besuense ed. Garnier p. 248. f. Pippinus igitur rex habuit quendam fratrem, nomine Remigium, cui in Burgundia plurima loca concessit. Inter quae etiam res ad episcopatum ecclesiae Lingonensis pertinentes, quae, sicut sibi visum est, suis asseclis dimisit. Sed, o nefas!, monasterium hoc Anglae uxori cuiusdam Theotardi, quia eius stupro potitus fuerat, non custodiendum, sed diripiendum dedit. . . . Postquam autem, remoto Remigio, episcopatus Lingonensis episcopis legitimis cessit, hoc monasterium ab episcopo receptum est.

so war doch bei gänzlichem Absehen von der Anerkennung eines kirchlichen Eigentumsrechtes durch geschriebene Prekarien oder durch eine Zinszahlung die definitive Entfremdung dieser Güter sehr zu befürchten.

Anders, sahen wir, war es bei den Klöstern: die Laieninhaber derselben wurden als wirkliche Äbte betrachtet und stellten also auch Prekarien aus, der Graf Rothar zahlte immerhin einen Zins, wenn auch einen unbedeutenden, für die Güter des Klosters S. Wandrille, die er inne hatte. Es ist eine Sache für sich, wenn bei der Masse der Verleihungen Unordnung einriss und die Erneuerung der Prekarien unterblieb. Ebenso wird man verfahren sein, wo Bistümer, die etwa noch einen kanonischen Bischof hatten, zu Leistungen herangezogen wurden; doch scheint es, dass dies nicht oft geschehen ist, und dass man sich im Allgemeinen auf die vakanten Bistümer beschränkt hat. Abgesehen davon, dass Hinkmar's Zeugnis sich nur auf diese bezieht, und dass uns ein Fall der anderen Art nicht bekannt ist, sprechen dafür mehrere Einziehungen unter Pippin gerade in Bistümern, in denen nachweislich die Reihe der kanonischen Bischöfe bis dahin nicht unterbrochen war.

Die Einziehung ging also nicht, wie Waitz (V. G. III p. 18.) urteilt, in der Weise vor sich, „dass, wo nicht Stifter vollständig in weltliche Hände gelegt sind, ihre Güter zum Besitz oder Niessbrauch gegeben wurden", sondern umgekehrt, die Güter eben gerade der in weltlichen Händen befindlichen Bistümer sind einer divisio unterworfen. Nun erst hört es auf, sehr befremdlich zu sein, dass Bonifaz als er im Jahre 742 dem Pabste die Verwahrlosung der fränkischen Kirche schildert, keine ausdrückliche Klage über die unter Karl Martell vorgefallenen Beraubungen der Kirchen zu führen hat. Denn wenn in einigen Bistümern ehemalige Laien Bischöfe sind, in anderen Güter entfremdet, so sehe ich nicht ein, wie das Letztere in dem Ersteren enthalten sein soll (Waitz III p. 17. N.). Dagegen ist es allerdings selbstverständlich, und liegt als Kleineres in dem Grösseren, wenn Laien, in deren Händen sich unkanonischer Weise die Güter ganzer Bistümer befinden, mit dem ihnen anvertrauten Kirchengut nicht kanonisch verfahren.

Capitel II.
Karlmann und Pippin.

Karl Martell hatte, ein Kind seiner rauhen Zeit, nicht empfunden, dass die Kirche unter ihm in einer unerträglichen Notlage seufzte; oder, wenn er es empfunden, so hatte er nicht gemeint, dass die politischen Verhältnisse eine Änderung gestatteten. Jedenfalls fanden die Annäherungsversuche Bonifazen's, der hier ein unendliches Arbeitsfeld vor sich sah, kein Entgegenkommen, das Frankenreich blieb seiner Wirksamkeit verschlossen[1]). — In der Tat, bedeutende Hindernisse stellten sich der Wiederaufrichtung der kirchlichen Ordnung entgegen, Hindernisse, die sich eben an einem Punkte auftürmten, von dem der Notstand in allen seinen Teilen abhing. Das war der Bischofsmangel. Nur weil es keine Bischöfe gab, hatte die kirchliche Zucht so ganz und gar verfallen können; denn die Klosterbischöfe, deren Bedeutung in dieser Zeit sicher durch die von uns geschilderten Verhältnisse mitbedingt war, mochten ja die laufenden Ordinationen zur Not vollziehen können, aber es mangelte ihnen doch jede Disciplinargewalt über die niedere Geistlichkeit. — Und nur weil es keine Bischöfe gab, hatte auch die Verwüstung des Kirchengutes den Grad erreichen können, bis zu dem sie gediehen war. Ihr Einhalt zu tun, das in der letzten Zeit verschleuderte Gut zurückzubringen konnte man nur hoffen, wenn kanonische Bischöfe eingesetzt wurden; und ebenso hatte jede Reform unter dem Klerus einzusetzen mit der Wiederherstellung des Episkopates, dieses wichtigsten Gliedes in der Kette der Hierachie. Aber das Schlimmste war, dass die vakanten Bistümer tatsächlich vergeben waren. Rechtlich allerdings war dieser Zustand ein Provisorium, dem jeden Augenblick ein

---

[1]) V. Gregorii Traiectensis c. 8. Mabillon Act. Ss. III b p. 324.

Ende gemacht werden konnte, aber praktisch war das eine Unmöglichkeit. Man verfügte über nichts, womit man die gegenwärtigen Inhaber hätte entschädigen können, und so hätte eine
mit allen Consequenzen durchgeführte Bischofsernennung einen
Sturm heraufbeschworen, der vielleicht die von Karl Martell mühsam
gelegten Fundamente einer festen Herschermacht mit sich fort-
gerissen hätte.

Aber andererseits konnten die Herscher auch die gegenwärtige
Verwilderung der Kirche, die auf alle politisch-socialen Verhältnisse den verhängnisvollsten Einfluss üben musste, nicht ruhig mit-
ansehen. Sogar für die bessere Sicherung und Regelung ihrer
Beneficienverleihung aus Kirchengut mussten sie, falls sich diese
auch unter kanonischen Bischöfen aufrecht erhalten liess, die geordnete geistliche Verwaltung dem wilden Treiben ihrer Vasallen
vorziehen. Und noch weit höher, als alle materiellen Vorteile,
die man sich schon damals von einer festen Verbindung zwischen
Episkopat und Krone versprechen durfte, war der ungeheure
ideelle Wert anzuschlagen, den für die Dynastie die Bundesgenossenschaft einer unter ihrer Leitung wiederhergestellten kraft-
vollen Kirche haben musste.

Karlmann, in dessen Reich der bisherige Wirkungskreis des
Bonifaz lag, ging mit der Reform voran: im April 743[2]) wurde
eine Versammlung — zugleich Reichstag und Synode — abgehalten, deren Beschlüsse uns in Karlmann's erstem Kapitular vorliegen. Im Eingang des Schriftstückes wird die Absicht ausgesprochen, das Gesetz Gottes und die in den Tagen der früheren
Fürsten in Verfall geratene kirchliche Regel (cf. Loofs p. 13.) wiederherzustellen; sodann folgen zunächst die allgemeinsten, wichtigsten
Bestimmungen, Einsetzung des Bonifaz als Erzbischof, jährliche
Abhaltung von Synoden, Rückgabe des Kirchengutes, Säuberung
des Priesterstandes von schlechten Elementen: Allem voran stehen
die Worte „et per consilium sacerdotum et optimatum meorum ordinavimus per civitates episcopos."

---

[2]) Loofs, „Zur Chronologie der auf d. fränk. Synoden des hl. Bonifatius
bezüglichen Briefe der Bonifazischen Briefsammlung" Diss. Leipzig 1881.

Man bezieht dieselben allgemein ohne Weiteres auf die Einsetzung der drei thüringischen Bischöfe, von Erfurt, Würzburg, Buraburg. Zwar wird die Ordination derselben als vollzogen schon im vorhergehenden Jahre von Bonifaz nach Rom berichtet aber man meint, dieser nur auf Grund kirchlicher Machtvollkommenheit vorgenommene Akt sei von Karlmann auf der ersten Synode sanktioniert worden, und dies werde in den Worten des Kapitulars ausgesprochen[3]).

Nun ist es nach den neusten Untersuchungen wenigstens möglich, wenn auch keineswegs geboten, die Stiftung der drei Bisttümer mit dem Tode Karl Martell's in ursächlichen Zusammenhang zu setzen, denn sie ist nicht, wie man bisher annahm, 741, sondern im Verlauf des Jahres 742 erfolgt. (Loofs p. 16 ff.) Aber man wird nicht mit der älteren Forschung, die einen solchen Zusammenhang ebenfalls — freilich unter chronologischen Unmöglichkeiten — annahm[4]), glauben dürfen, dass Bonifaz darum auf jenen Todesfall gewartet hätte, weil er leichter Karlmann, als dessen Vater gegenüber eigenmächtig dergleichen organisatorische Schritte hätte wagen dürfen[5]); nur die Unterhandlungen, die allem, was in dieser Richtung geschehen sollte, voranzugehen hatten, konnte oder mochte Bonifaz eher mit dem Sohne, als mit dem Vater führen. Ohne sich mit dem Staatsoberhaupt in Verbindung zu setzen, konnte er allenfalls ein paar Regionarbischöfe weihen, nimmermehr aber, wie

---

[3]) Rettberg I 354, „sogar Schritte, die Bonifaz bereits kraft päbstlicher Vollmacht als Legat vollzogen hatte, wie Einsetzung der ostfränkischen Bischöfe, wiederholt Karlmann nach seiner weltlichen Macht, ohne jenes früheren Verfahrens auch nur zu gedenken." Waitz V. G. III 33. „. . Jene wurden hier bestätigt, Bonifaz . . als ihr Erzbischof anerkannt: es lautet in den Akten so, als wenn die Einsetzung von Karlmann ausgegangen sei."

[4]) Rettberg I 350; dagegen — die Annahme des Jahres 741 vorausgesetzt, mit Recht — Waitz III p. 31. „Die Weihe der deutschen Bischöfe . ., die nur mit Karls Zustimmung vorbereitet sein kann."

[5]) Rettberg I 354. Hahn, Jahrb. p. 27. Auch Waitz, obgleich er Zustimmung Karls zu der Einsetzung annimmt, lässt (III 33) die von Bonifaz eingesetzten Bischöfe von Karlmann bestätigt werden. Aber im Frankenreich ist Bischof (von den Kloster- und Regionarbischöfen selbstverständlich abgesehen), wer auf Befehl des Königs geweiht ist, sonst Niemand; wer das ist, der bedarf keiner weiteren Bestätigung.

es hier geschieht, ein zum Reiche gehöriges Gebiet in Diöcesen einteilen, Bischofsstühle darin errichten und ordentliche Bischöfe ordinieren. Das wäre eine Usurpation gewesen, wie sie weder Karl Martell noch Karlmann noch überhaupt irgend ein Herscher des Frankenreichs sich je hätte bieten lassen können. Es darf doch für uns nicht massgebend sein, wenn Bonifaz in seinem Bericht an den Pabst nichts von seinen Verhandlungen mit den weltlichen Machthabern erzählt: vom kanonischen Standpunkt aus waren sie etwas rechtlich ganz Unwesentliches: der Legat des apostolischen Stuhles hatte jene Bistümer kraft seiner Amtsgewalt errichtet, und nur durch die päbstliche Bestätigung erhielten sie ihren festen Bestand. Damit waren in Bonifazens Sinne alle rechtlichen Erfordernisse erfüllt; in die Beschränkungen, die von den Umständen auferlegt wurden, musste man sich schicken, sie änderten aber nichts an dem Rechtsverhältnis. Und besonders waren sie tot zu schweigen in einer Publikation des Briefwechsels, die vielleicht von Bonifaz selbst gewollt und sicher nicht ohne den Zweck veranstaltet ist, seinen Rechtsanschauungen allgemeinere Geltung zu verschaffen[6]).

Oder sollen wir annehmen, dass hier ein längst vollzogener Akt nachträglich publiciert werde? — Zu solcher Publikation, noch dazu an dieser hervorragenden Stelle, lag aber überhaupt kein Grund vor: weder wenn die Ernennung der drei Bischöfe schon im Herbst erfolgt war, noch auch, wenn sie wirklich erst jetzt vorgenommen wurde. Ob in jener Wildnis drei Missionare das bischöfliche Amt bekleideten oder nicht, welche Bedeutung hatte das für das Reich; was hatte es mit der Reform der Reichskirche zu tun, die in diesem Kapitular verkündet wurde? — Wollte man unter den Bischöfen, die hier *per civitates* ordiniert sind, die drei thüringischen verstehen, so könnte niemand in den folgenden Worten: „constituimus super eos Bonifatium archiepiscopum" etwas anderes finden, als dass Bonifaz zum Erzbischof

---

[6]) Dieselbe Fiktion wie hier, nachher auch bei der päbstlichen Bestätigung der neustrischen Metropoliten (Jaffé III Nr. 48 p. 132.): metropolitani, quos constituisti, während der König in seinem Kapitular von Soissons sich das Recht dieser Einsetzung vindiciert.

48

über Erfurt, Würzburg, Buraburg gesetzt werde, während es in
Wahrheit natürlich der gesammte Episkopat des Reiches ist, an
dessen Spitze er gestellt wird; aber als dessen Repräsentanten
können unmöglich die Vorsteher dreier im Winkel belegener, eben
gegründeter Bisthümer gelten. Auch die Bischofsernennung muss
eine Massregel von allgemeinster Bedeutung, ein Bestandteil der
Reform sein. Hierher gehört die Ordination Chrodegang's von
Metz, die am 1. Okt. 742 stattfand[7]) und einer mindestens 10jährigen
Vakanz ein Ende machte (cf. Exc. 1), die Ordination eines Schülers
des im Jahre 739 verstorbenen Willibrord zu dessen Nachfolger
durch Bonifaz[8]), und wahrscheinlich auch die des Madalveus von
Verdun, dessen Amtsantritt in das Jahr 753 zu setzen, Hugo
von Flavigny wohl nur die Angabe der Gest. epp. Vird. bestimmt
hat, er habe unter König Pippin gelebt[9]).

Im richtigen Sinne hat man die entsprechende Bestimmung
des Kapitulars von Soissons, das nur eine Umarbeitung von
Karlmanns erstem Erlass ist, längst gewürdigt: Idcirco constituimus
per consilio sacerdotum et optimatum meorum et ordinavimus per
civitates legitimos episcopos, idcirco constituimus super eos Abel
et Ardobertum, ut ad ipsos vel iudicia eorum de omne necessitate
recurrant tam episcopi, quam alius populus. Aber statt hiernach
nun die Worte der Vorlage zu erklären, sieht man die einzige
Uebereinstimmung der beiden Massregeln darin, dass hier wie
dort von Bonifaz eigenmächtig vorgenommene Handlungen die
Bestätigung des Fürsten erhalten[10]). Mindestens was die Bischöfe
betrifft, ist die Behauptung vollkommen unbegründet, ich finde
nirgends in den Quellen etwas, was auf eine Einsetzung derselben
vor der Synode von Soissons sich deuten liesse. Von den Metro-

---

[7]) Pauli Gest. epp. Mett. Ss. II 268.
[8]) Jaffé Bibl. III 260, ep. Bon. 107.
[9]) Berthar. Gest. epp. Vird. c. 12. Ss. IV 43., Hugo Flav. Ss. VIII 340.
(H. setzt Pippins Erhebung auf den Thron in das Jahr 752.)
[10]) Hahn p. 58 f. „auch hier werden Bischöfe und Erzbischöfe eingesetzt, die von Bonifatius schon ordiniert waren, also ebenso unabhängig
von der geistlichen Gewalt, wie 743 in Austrasien." cf. auch p. 50. „Bonifaz ging nämlich mit der Erneuerung der Hierarchie über die Grenze
Austrasiens hinaus, auch Pippin fügte sich ihm."

politen heisst es allerdings in dem Pabstbriefe vom 22. Sept. 743[11]), sie seien von Bonifaz eingesetzt, und scheinbar eine zweite Einsetzung zweier von ihnen ist nach den Akten auf dem Concil von Soissons März 744 vorgenommen. Dass aber Pippins Verhalten Bonifaz gegenüber im Jahre 743 nicht in einem blossen Gewährenlassen bestanden hat, zeigen die Worte des Pabstbriefes vom 5. Nov. dess. J. (Jaffé III, 49): qui et apud nos fuit et tua nobis pariter et Carlomanni atque Pippini detulit scripta, per quae suggessistis, ut tria pallea hisdem tribus praenominatis metropolitanis dirigere deberemus. Die, von Hahn[12]) freilich ignorierte Bitte Pippins um das Pallium für die drei Bischöfe ist nur erklärlich, wenn man seine ausdrückliche Mitwirkung bei ihrer Einsetzung annimmt. — Man könnte geneigt sein, aus der nachträglichen Weigerung, für Abel und Hartbert die Pallien zu fordern, und aus der Verkündigung ihrer Einsetzung durch das Kapitular von Soissons zu folgern, i. J. 743 sei nur Grimos Einsetzung wirklich gelungen, die von Bonifaz voreilig als schon perfekt nach Rom gemeldete der beiden andern noch in letzter Stunde hintertrieben[13]). Aber gerade Hartbert ist der Gesandte Pippins und Bonifazens i. J. 743., und wenn Bonifaz schreibt, derselbe sei als Metropolit eingesetzt, so muss die Ordination vor seiner Abreise erfolgen sein. Abel und Hartbert waren auch ohne Pallien Metropoliten; auch nachdem sie zweifellos längst eingesetzt sind, i. J. 751 (ep. Bon. Nr. 79. p. 219. ep. Zach. Nr. 80. p. 222.), ist der Stand der Pallienangelegenheit unverändert. Wir haben anzunehmen, dass hier politische Erwägungen, vielleicht der Wunsch, die Metropoliten nicht allzu sehr von Rom abhängig werden zu lassen, massgebend war[14]). Die Erwähnung des Aktes in dem Kapitular von

---

[11]) Diese Datierung von Jaffé Nr. 48, obgleich von Hahn selbst aufgegeben, erscheint mir mit Loofs (p. 21 ff.) die richtige.

[12]) cf. auch p. 51 bei ihm.

[13]) Loofs p. 24.

[14]) Wenn für Grimo allein die Forderung aufrecht erhalten wurde, so wollte man vielleicht ihm, der dem Hofe nahe gestanden zu haben scheint und schon als Abt von Corbie von Karl Martell als Gesandter nach Rom verwendet wurde (Cont. Fred. c. 110. cf. Hahn p. 51.) einen Ehrenvorzug vor den beiden andern verschaffen, von denen jedenfalls Abel ein Ausländer war

Soissons, in dem der Name Grimos nur aus Versehen weggefallen, hat den Sinn, dass in dem Erlass der Reformsynode dieser so höchst wichtige Bestandteil der Reform nicht fehlen durfte, mochte er auch schon vor einigen Monaten ausgeführt sein.

Über das Verhältnis, in dem sich die neu besetzten Bistümer bisher befunden hatten, erhalten wir Aufschluss aus dem Worte legitimos, welches das Capit. Suess. zu dem „episcopos" der Vorlage hinzufügt. Waitz (III p. 13, N. 1.) hat richtig bemerkt, dass dasselbe einen Gegensatz verlangt, und dass man diesen finden muss in den Laien, die unter Karl Martell die Bistümer inne hatten. Damit aber räumt er indirekt die Unhaltbarkeit seiner früher (a. a. O. p. 13. cf. ob. p. 39) geäusserten Auffassung dieses Verhältnisses ein. Denn wären jene Laien wirklich Bischöfe geworden, so wäre es undenkbar, dass Pippin sie nicht als legitimi gelten liesse: Bischöfe sind Bischöfe, mindestens für den, der sie eingesetzt hat, gleichviel ob sie vorher Laien waren oder Kleriker. Jedenfalls hätte eine allgemeine Absetzung der alten Bischöfe der Ernennung der neuen voraufgehen müssen; von einem solchen Vorgang aber, der doch ein unvergleichlicher Triumph für Bonifaz gewesen wäre, ist weder in seinen Briefen noch in den Berichten über sein Leben eine Spur, während wir von beiden Seiten über etwas verhältnismässig so Geringfügiges, wie die Absetzung der ketzerischen Landbischöfe Aldebert und Clemens auf das Ausführlichste unterrichtet sind. — Dass eine solche allgemeine Absetzung erfolgt wäre, wenn es nach Bonifazens Wünschen gegangen wäre, ist freilich zweifellos. Denn viele von denjenigen, welche wirklich das geistliche Amt bekleideten, waren sittlich um kein Haarbreit besser, als jene Laien, welche nur die Güter innehatten; im Gegenteil, in den Augen des Bonifatius waren sie noch um Vieles verwerflicher, weil sie ihren Stand entweihten, die Kirche entwürdigten, und den kirchlichen Vorschriften Hohn sprachen; seinem Abscheu gegen diese Menschen giebt er in

(Jaffé III Nr. 59 p. 168.) Dagegen ist der dort genannte Werberhtus schwerlich Hartbert v. Sens; dieser scheint aus dem Elsass gestammt zu haben, 28. Aug. 745 schenkt er elsässische Güter an das Kloster Weissenburg. (Pardess. II p. 475 Nr. 80.)

seinem Briefe vom Herbst 742 (Jaffé 42) den kräftigsten Ausdruck. Aber dieselben Klagen ertönen noch gegen Ende seines
Wirkens; nur ein Ausbruch des Unmutes, dass die falschen
Bischöfe noch im Amte sind, ist es, wenn er den Pabst damals
um nachträglichen Dispens bittet, weil er die äusserliche Berührung mit denselben nicht ganz habe vermeiden können (i. J. 751.
Jaffé III 79. p. 219.). Auch in einem gleichzeitig geschriebenen
aber verlorenen Brief an den vicedominus des apostolischen Stuhles,
Bischof Benedikt, muss er sich in schweren Klagen über diese
falsi episcopi ergangen haben[15]). Und in der Tat, auf der Synode
von 745, nachdem also die Einsetzung der rechtmässigen Bischöfe
längst erfolgt ist, ist es gerade der Einfluss von Bischöfen, der
sich der Bestellung eines festen Metropolitansitzes für Bonifaz ent-
gegenstemmt, den dieser damals besiegt, dem es aber dann doch
gelingt, die beschlossene Einsetzung des Gegners als Erzbischof
von Köln zu hintertreiben[16]). Ein Pabstbrief aus demselben Jahre
vom 31. Okt. enthält u. A. die Antwort auf einen Notschrei des
Bonifaz über einen solchen Bischof[17]). Der Pabst weist nur darauf
hin, er habe schon mehrmals erklärt, dass kein Mörder und Ehe-

---

[15]) Antwort des Pabstes v. 4. Nov. 751. Jaffé III 80 p. 221. „Te enim
praedicante si *oboedirent*, salvi *essent*, sin autem in iniquitate sua permane-
rent, ipsi *peribunt*, tu autem iuxta prophetae dictum salvasti animam tuam.“
Mit anderen Worten: der Pabst kann nichts dagegen tun.
    Antwort des Bisch. Benedikt ibid. No. 83. „. . multis te necessitatibus
et turbinibus esse tristatum per homines non timentes Deum et falsos episcopos atque pseudopresbiteros et fornicatores clericos eorumque iniquas ac-
tiones pravasque inmissiones.“
[16]) Dass diese in dem Bericht, den uns Liudgers V. Gregorii (c. 9.
Mabillon Act. Ss. III b p. 325) giebt, als Ketzer und falsche Lehrer bezeichnet
werden, ist ebenso ein Gedächtnisfehler des Verfassers, wie seine Verwechselung von Köln mit Mainz. Die Ketzer erhielten erst Bedeutung, soweit
sie etwa von denjenigen Widersachern des Bonifaz, die hier gemeint sind,
benutzt wurden. Dass es der nationale Episkopat war, der ihm auf der
Synode von 745 entgegentrat, zeigt das Argument, das nach Liudgers Bericht damals gebraucht ist, Bonifaz sei ein Fremder und als solcher un-
geeignet für einen einheimischen Bischofsstuhl.
[17]) Jaffé III 51 p. 150. Derselbe ist der Sohn eines Geistlichen, der
adulteratus et homicida genannt wird, wahrscheinlich eines verheirateten
Bischofs; also ein neues Beispiel für die Vererbung der Bistümer cf. Excurs 1.

brecher das heilige Amt sich anmassen dürfe; das, was Bonifaz
ohne Zweifel hatte bewirken wollen, dass der Pabst energische
Schritte zur Absetzung dieses bestimmten Bischofs täte, geschieht
nicht; es würde auch wol wenig geholfen haben. Denn, vor allen
Dingen, es ist sehr unwahrscheinlich, dass Pippin ein solches Verfahren gegen die Anhänger und Ratgeber seines Vaters eingeschlagen haben sollte; mochte ihm die Reform noch so sehr am
Herzen liegen, er durfte sich darum doch nicht seine alten Freunde
zu Feinden machen. Die einzige wirklich nachweisbare Absetzung
ist die Gewilieb's[18]) von Mainz und Worms; erstens ist sie in
Karlmanns Reich, wo Bonifaz so viel mehr vermochte, vorgenommen, und dann war dieser Fall doch auch ein ganz besonderer;
ein Bischof, der eigenhändig für seinen Vater Blutrache genommen,
musste freilich bei einer Kirchenreform notwendig fallen. — Wenn in
dem Erlass von Karlmann's erster Reformsynode, auf der die Einsetzung der Bischöfe stattfand, die Absetzung falscher Priester,
Diakonen und Kleriker ausdrücklich ausgesprochen[19]), von Bischöfen

---

[18]) ep. Zach. 31. Oct. 745. Jaffé III 51 p. 151. — Aldebert u. Clemens
gehören natürlich nicht hierher, ebensowenig der mit ihnen auf eine Stufe
gestellte Godalsadus (Jaffé III 63 p. 182. Godalsacius ist kein Name cf.
Förstemann Ahd. Namenbuch I p. 542, 1064, 1072), dies sind Landbischöfe
ohne festen Sitz, wie sie damals in grosser Anzahl umherschweiften und
bei dem Verfall des kirchlichen Gottesdienstes leicht das religiöse Bedürfnis
des Volks auf Irrwege leiteten. Mit ihnen allerdings wurden nicht viel
Umstände gemacht (cf. ep. Zach. Jaffé III 66 p. 187.).

[19]) Conc. Germ. . . ordinavimus episcopos . . , falsos presbyteros et
adulteros vel fornicatores diaconos vel clericos de pecuniis ecclesiarum abstulimus et degradavimus; cf. ep. Zach. 5. Nov. 743 No. 49 p. 134: Ubi nobis
indicasti, quod et concilium adiuvante Domino et Carlomanno praebente
consensum et contestante factum est, et qualiter falsos sacerdotes . . sus-
pendisti. — Kaufmann versteht überall, wo von sacerdotes die Rede ist,
Bischöfe: p. 79 (Bonif. klagt) „dass diese Laien, die von Karl Martell zu
Bischöfen und Äbten gemacht waren (dass ehemalige Laien dabei gemeint
sind, ist an der Stelle (Jaffé III 51) übrigens nicht angedeutet) . . und die
von Bonifaz auf den ersten Synoden der Brüder abgesetzt waren, statt
Busse zu tun, sich am Hofe des Königs aufhielten und dort forderten, dass
man ihnen die Pfründen ohne das Amt zurückgebe.“ Dabei ist nur von
sacerdotes und ecclesiae vel monasteria die Rede. Auch der Pabstbrief
Jaffé III 52 spricht nur von sacerdotes, indem er sich auf die Bestimmung
des Cap. Lift. bezieht: Fornicatores . . clericos . . tollere praecipimus; unter
den clerici sind keinesfalls Bischöfe zu verstehen. — p. 84 „i. J. 748 klagte

aber geschwiegen wird, so ist daraus mit Sicherheit der Schluss zu
ziehen, dass Bischöfe daselbst auch gar nicht abgesetzt sind. Das
Kapitular von Soissons aber, das im Übrigen den austrasischen
Erlass copiert, weiss überhaupt nichts von Absetzung, es ist also
hier nicht einmal eine Reinigung des niederen Klerus in dem Mass-
stabe wie dort vorgenommen.

Wir werden also das „legitimos" in Pippin's Kapitular von
Soissons nicht in Gegensatz stellen dürfen zu wirklichen Bischöfen,
dagegen mit Fug und Recht zu denen, die bisher, ohne ein geistliches Amt zu bekleiden, die Bistümer inne gehabt hatten. — Dass
die schlimmste Kalamität nicht darin bestand, dass die Bischöfe
schlecht waren, sondern darin, dass es an vielen Orten überhaupt
keine gab, zeigt das Capitulare Vernense v. J. 755, das, in der
Absicht, die Wiederkehr derartiger Zustände in der Folgezeit zu
verhindern, in Capitel 1 bestimmt: Ut episcopi debeant per singulas
civitates esse. (Leg. I, 24.)

Es ist also in den Jahren 743 und 744 wirklich eine allgemeine Bischofsernennung erfolgt. Es fragt sich, ob man auch die
Konsequenzen gezogen hat, die diese Rückkehr zum kanonischen
Zustande von Rechtswegen mit sich brachte, ob man sich über
die von uns oben berührten Schwierigkeiten hinweggesetzt, die
Laien, denen die Bistumsvermögen zur Verwaltung übergeben
waren, einfach fortgejagt und die von ihnen während des Provi-
soriums vorgenommenen Vergabungen von Kirchengut für ungültig
erklärt hat. Bisher ist immer angenommen worden (cf. Waitz
III 36.), dass Karlmann dies wenigstens versprochen, mit Worten
versprochen habe, die eine sofortige Ausführung in sich schliessen
(restituimus et reddidimus), und neuerdings wird behauptet, Bonifaz
habe auch von Pippin eine sofortige und völlige Restitution, nicht
einmal, sondern bei jeder Gelegenheit wieder, verlangt[20]). Aber

---

Bonifaz, dass im Frankenreich noch immer Laien an Bischofs- und Abtsstelle die geistlichen Stifter verwalteten" aber nur von Äbten ist an der
hier gemeinten Stelle (ep. Bon. ad Cudb. Jaffé III p. 208 f.) die Rede.
[20]) Kaufmann p. 77, p. 82, p. 85.

das hätte doch in der Tat geheissen, den Ast, auf dem man sass,
absägen. Von dem Augenblicke an, wo man das Kirchengut resti-
tuierte, hatte man auf den Beistand derjenigen grossen und
kleinen Vasallen nicht mehr zu rechnen, die eben das empfangene
Kirchengut in enger Treuverpflichtung an den Senior band, im
Gegenteil ein gewaltiger Aufstand war unausbleiblich. — Und dies
muss von vornherein klar gewesen sein, man kann nicht erst nach
zwei Jahren[21]) zu der Erkenntnis gekommen sein, es lag auch für
Bonifaz zu Tage, und wir müssen einem Manne, der so viel erreicht hat, so viel Sinn für das Mögliche zuschreiben, dass er dergleichen gar nicht erst forderte. Angenommen aber, das zweite
Gesetz enthielte wirklich die Zurücknahme des im ersten gegebenen
Versprechens, so müsste es doch auf der kirchlichen Seite einen
Schrei der Entrüstung über den schnöden Wortbruch hervorgerufen
haben, oder wenigstens tiefe Niedergeschlagenheit über die Notlage, die eine Ausführung unmöglich gemacht hätte. Statt dessen
lesen wir in der im Allgemeinen höchst befriedigten Antwort des
Pabstes auf den Bericht über diese zweite Synode, Bonifaz möge
sich trösten, dass er nicht mehr erlangt habe, und Gott auch für
das, was erreicht sei, preisen. Ein dankbares Herz hätte höchstens
dafür, dass nicht alles verloren sei, danken können!

Und doch heisst es in Karlmanns erstem Kapitular „et fraudatas res ecclesiarum restituimus et reddidimus." Zur Erklärung
erinnere ich an eine Restitution Karls d. Gr., die oben schon erwähnt werden musste: Karl gab dem Abte von S. Wandrille die
res iniuste ablatae zurück, während die an die königlichen Vasallen gegebenen Prekarien diesen verblieben, dabei galten diese
wie jene noch nach langen Jahren als der Disposition des Klosters
entzogen. Ebenso wie unter jenen iniuste ablata sind nun auch
in unserm Kapitular unter den res fraudatae nicht alle precariae
verbo regis zu verstehen, dafür würde man den starken Ausdruck
doch nicht gebraucht haben; er wäre auch nicht einmal berechtigt

---

21) Nimmt man einmal die Datierung der ersten Synode zum Jahre 743
an, so ist die Folgerung unabweislich, den Erlass des zweiten Kapitulars
auf die gemeinsam von beiden Brüdern i. J. 745 gehaltene Synode zu verlegen cf. Loofs p. 46 ff.

gewesen, denn formell waren ja die Kirche um diese Güter gar nicht betrogen, sie hatten sie ausgeliehen, wie andere auch. Aber diese Form war in den Klöstern bei der Masse der Vergabungen oft, in den vakanten Bistümern überall vernachlässigt, und gerade darin lag ein wirklicher Raub, eine Restitution war schon die blosse Anerkennung des kirchlichen Eigentumsrechtes durch Prekarienschreibung (cf. Jaffé Forsch. X 414 f.). Darum braucht nur ein kleiner Teil des Kirchenvermögens den Bischöfen zur wirklichen Disposition zurückgegeben zu sein; immerhin sollten die kirchlichen Institute vor Mangel geschützt sein, und auch die ausgeliehenen Güter nach dem Tode des Inhabers nicht ohne Weiteres an andere vergeben, sondern durch förmlichen Rückfall und erneute Prekarienausstellung stets das Recht der Kirche gewahrt werden. Zwei Jahre später erreichte Bonifaz die Festsetzung des Zinses für diese Prekarien auf 1 solidus von der Hufe [22]) und die — übrigens nicht ins Gesetz aufgenommene oder jedenfalls uns darin nicht erhaltene Verheissung eines Wachszinses für spätere, ruhige Zeiten [23]).

Die Synode von 745 wurde von Pippin und Karlmann gemeinschaftlich abgehalten, aber die Aufzeichnung, die wir von den Bestimmungen derselben haben, kann nur als Zeugnis für die Verhältnisse in Austrasien angesehen werden. Es ist ein — grösstenteils wörtlicher — Auszug aus einem von Karlmann allein erlassenen Kapitular, das zeigen die Worte „quod pater *meus* ante praecipiebat" [24]), sowie die Bestimmung des c. 2: „Et si post

---

[22]) Ohne die Prekarien kann man schon 743 nicht ausgekommen sein, selbst über die Zinszahlung scheint man im Allgemeinen schon damals einverstanden gewesen zu sein, auch das nach dem ersten Kapitular Karlmanns redigierte Cap. Suess. Pippins v. J. 744 verspricht einen census; vielleicht setzten beide Teile eben auf der gemeinsamen Synode von 745 die gleiche Höhe des Zinses fest.

[23]) Auf dieses bescheidene Mass muss die poetische Wendung, die Kaufmann p. 82 Anm. dem Pabste unterlegt (Jaffé III No. 51 p. 150 „augentur luminaria sanctorum = so wird auch die heilige Kirche erhöht werden") zurückgeführt werden. Ein solcher Wachszins war bei Prekarien sehr häufig. (cf. Du Cange s. v. luminarii II.)

[24]) Hahn Forsch. XV 61, welcher meint, ein gemeinsames Kapitular liege zu Grunde, vermutet, um das „meus" zu erklären, der Auszug sei

hanc definitionem in crimen fornicationis vel adulterii ceciderunt, prioris synodus iudicium sustineant;" die Synode von Soissons hatte nur ein allgemeines Verbot, ohne die bestimmte Strafandrohung des concilium Germanicum erlassen. Die Erhaltung des Auszuges in Verbindung mit den Beschlüssen der Synode von 743, wahrscheinlich allein durch die Bonifazische Briefsammlung (cf. Loofs p. 12—14) führt auf die Vermutung, dass wir eine Aufzeichnung des Bonifaz zur Belehrung des Pabstes vor uns haben.

Die hohe Bedeutung von Karlmanns Gesetzen ist nicht zu verkennen: durch sie ist die von Karl Martell aufgenommene, für die Aufrechthaltung der staatlichen Ordnung notwendige Anleihe aus dem Kirchengut der wiederhergestellten kirchlichen Ordnung eingefügt. Man überschätzt sie aber, wenn man in die einfachen Worte einen principiellen Sinn hinein- und der Synode die Absicht beilegt, bisher rechtlose Vorgänge zu legalisieren[25], oder gar dem Fürsten ein allgemeines Verfügungsrecht über das Kirchengut zu erteilen[26]. Es wurde nur das Verhältnis hergestellt, das allen

---

von Karlmann selbst, behufs Mitteilung an den Pabst, angefertigt; allein abgesehen von der geringen Wahrscheinlichkeit einer solchen Mitteilung überhaupt, und sodann der Aufbewahrung des Kapitulars gerade auf diesem Wege, müsste man sich doch wundern über die vollkommen unnötige Änderung des einzelnen Wortes mitten in augenscheinlich vollkommen wörtlich herübergenommener Umgebung. Gegen die andere von H. in Betracht gezogene Vermutung, es könnte ein Specialerlass nach vorhergegangenen allgemeinen Beschlüssen sein, sprechen die nicht das Kirchengut betreffenden Bestimmungen von denen nicht abzusehen ist, warum sie nicht in einem allgemeinen Beschluss hätten stehen sollen, wofern ein solcher überhaupt erlassen wurde.

[25]) Dies ist auch die Ansicht von Waitz (V. G. III 36): „(Karlmanns Beschlüsse üb. d. Kirchengut.) Bestimmt, einem Missbrauch der letzten Zeit ein Ende zu machen, haben sie zugleich den Grund zu eigentümlichen Einrichtungen gelegt." p. 38 f.: „Eine vollständige Säkularisation darf diese Massregel nicht genannt werden, obschon sie wohl in vielen Fällen eine ähnliche Bedeutung hatte." Also nicht die erste gesetzwidrige Weggabe der Güter an Laien, sondern die Zusprechung derselben an den Staat durch eine „divisio" (im Waitz'schen Sinne) ist es, was ihre Entfremdung bewirkt; oder, wie Kaufmann p. 81 sagt: das retinere hebt nur die eine Seite des Vorgangs hervor, der rechtlich einen neuen Besitz schuf." Roth's Einfluss auch auf Waitz zeigt sich hier sehr stark.

[26]) Kaufmann p. 81 ff.

bisher vorgenommenen Vergabungen von Rechtswegen zu Grunde lag, aber allerdings in sehr vielen Fällen und generell bei den Gütern der vakanten Bistümer verdunkelt war. Wenn es von dem „retinere" heisst: consilio optimatum et sacerdotum, so hat das nicht die Bedeutung einer Rechtsbasis, auf die man sich von nun an stützen könne, sondern sagt, ohne die Rechtsfrage überhaupt zu berühren, es sei nach dem Urteil Aller durch die politische Notwendigkeit geboten, einen Zustand aufrecht zu erhalten, von dem eingeräumt werden müsse, dass sein Aufhören für die Kirche wünschenswert sei. Trotz der Kaufmann'schen Warnung[27]) wäre ich doch geneigt, aus der Nichterwähnung einer Bestimmung — N. B. in dem Kapitular, das zur Bekanntmachung dieser Bestimmungen diente, — auf das Nichtvorhandensein derselben zu schliessen, und ich kann es durchaus nicht als eine Analogie für das Gegenteil anerkennen, wenn die Bedeutung eines Erlasses in einer Notiz, die die kurzen Annalen ihm widmen, nicht vollständig gewürdigt wird. — Wollte man in dem „consilio sacerdotum et optimatum" die Bewilligung eines Rechtes finden, so müsste man sogar sagen: indem Karlmann erklärt, selbst das, was er innehat, nicht ohne Zustimmung seiner Grossen behalten zu können, verzichtet er damit in nachdrücklicher Weise auf das Recht, weitere Einziehungen vorzunehmen.

Ehe wir nunmehr zu den Massregeln Pippins übergehen, haben wir uns die Frage vorzulegen, ob wir berechtigt sind, wie man bisher fast allgemein getan hat[28]), eine so durchgehende Übereinstimmung derselben mit denjenigen Karlmanns vorauszusetzen,

---

[27]) p. 83. „man muss sich hüten, aus der Nichterwähnung einer Bestimmung gleich auf ein Nichtvorhandensein zu schliessen. Vor Allem gilt dies von der Frage, ob Karlmann und Pippin diese Vollmacht nur für das in den Händen der Laien befindliche Kirchengut in Anspruch nahmen, oder ganz allgemein, etc. etc. Ganz ähnlich sagen die Ann. Bert. 751 auch nur, dass einigen Kirchen ein Teil ihrer Güter zurückgegeben sei, während die Ann. Alam die damals beschlossene Massregel mit „res ecclesiarum discriptas atque divisas" melden. etc.

[28]) Ohne im Geringsten mit Jaffé's Deutung von Pippins Bestimmung einverstanden zu sein (Forsch. X, 415.), will ich doch darauf hinweisen, dass auch er die Verfügungen beider Brüder scheiden wollte.

dass wir für die nicht bezeugten Bestimmungen des einen einfach die bezeugten des anderen substituieren können.

Bonifaz hat mit jedem der beiden Brüder einzeln unterhandelt. Dürften wir einen Schluss aus dem ziehen, was wir von ihrer Sinnesart wissen, so müsste es von vornherein für wahrscheinlich gelten, dass er von Karlmann grössere Zugeständnisse auf diesem Gebiet erreicht haben wird, als von Pippin. Der eine starb im Kloster, nachdem er durch Abdankung seine Kinder der Aussicht auf einstige Herrschaft beraubt hatte, der andere erhob sein Geschlecht auf den fränkischen Königsthron, und die straffe Aufrechthaltung seiner fürstlichen Gerechtsame gegenüber kirchlichen Ansprüchen muss es gewesen sein, die in den letzten Lebensjahren des Bonifaz eine unleugbare Entfremdung zwischen beiden Männern hervorrief[29]).

Es ist wahr, Pippin und Karlmann haben im Jahre 745 eine gemeinsame Synode abgehalten. Daraus folgt, was wir auch sonst schon wissen, dass beide ihr Reich der kirchlichen Reform erschlossen hatten. Dass aber beide genau dieselben Beschlüsse über die Restitution des Kirchengutes gefasst hätten, folgt daraus so wenig, wie aus der gemeinsamen Gesandtschaft an den Pabst im Jahre 743[30]). — Wenn für uns augenblicklich nur die Massregeln, die das Kirchengut betreffen, von Interesse sind, so gab

---

[29]) Diese Entfremdung hat Rettberg vollkommen richtig herausgefühlt, er führt sie aber gewiss mit Unrecht auf eine Missbilligung des Sturzes der Merovinger von Seiten des Bonifaz zurück. Nicht die Rechte der alten Schattenkönige waren es, die Lull beim Pabste vertreten sollte, als er im Herbst 751 von Bonifaz nach Rom geschickt wurde (cf. Oelsner p. 34, Waitz III 63.). Eher könnte man an die der Söhne Karlmanns (cf. Jaffé III Nr. 65, Anfrage ob sich Bonifaz Pippin oder dem Sohne Karlmanns zugewendet habe) oder an zu fordernde Zugeständnisse in Betreff des Kirchenguts denken. Jedenfalls zeigt es kein vertrauliches oder auch nur freundliches Verhältnis, wenn Bonifaz gleichzeitig mit der königlichen Gesandtschaft einen Boten mit geheimen mündlichen Aufträgen sendet. ep. Bon. Jaffé III 79 p. 218. habet enim secreta quaedam mea, quae soli pietati vestrae profiteri debet. Ep. Zach. No. 80. p. 222. Interea praedictus tuus gerulus Lul cum ceteris suis comitibus, quae iniuncta fuerunt a tua fraterna sanctitate tam in verbo quam per scripta, omnia liquidius innotuerunt. De quibus tam in verbo responsum dantes et per scripta tuae remisimus fraternitati.

[30]) Kaufmann p. 82. „Auch andere etwaige Abweichungen mussten ohne

es doch für Bonifaz — zu seiner Ehre müssen wir es sagen —
Fragen, die weit wichtiger waren; und, mochte er in dieser Hin-
sicht bei beiden Brüdern nicht gleich viel erreicht haben, es blieb
noch ein weiter Spielraum für die gemeinschaftliche Tätigkeit der
Angehörigen beider Reiche übrig: die Abstellung der schreiendsten
unter Klerus und Laien eingerissenen Missbräuche, die möglichste
Ausstossung der schlechtesten Elemente des Priesterstandes, die
Wiederherstellung der Regel in den Klöstern etc., und dass diese
Dinge, nebst der Auswahl eines Sitzes für Bonifaz, den Haupt-
inhalt der gemeinschaftlichen Beratungen ausgemacht haben, lehrt
uns das anerkennende Schreiben des Pabstes vom 31. Oct. an alle
Franken, in dem der Verhältnisse des Kirchengutes auch nicht
mit einem Worte gedacht wird. Freilich der damit gleichzeitige
Brief an Bonifaz (No. 51. p. 150) spricht von einem Zins, der
von nun an gezahlt werden solle, aber natürlich doch nur da,
wo restituiert war; war dies nur in Austrasien der Fall, so ist
nur hiervon die Rede, und jedenfalls ist kein Schluss auf einen
auch nur annähernd gleichen Umfang der Restitution in beiden
Reichen gestattet[31]). Wir wissen jetzt, dass jeder der beiden

---

praktische Bedeutung bleiben, da die Brüder 744 eine gemeinsame Gesandtschaft nach Rom schickten, und 745 eine gemeinsame Synode hielten.

[31]) Welche Bedeutung der Zins in Neustrien hatte, werden wir unten
sehen, cf. p. 61. — Mehr aus dem Pabstbriefe zu entnehmen, als wir hier
darin gefunden haben, konnten Kaufmann (p. 82 N.) nur die groben Über-
setzungsfehler, die er an dieser Stelle begangen hat, veranlassen. Die Worte
lauten: De censu vero expetendo, eo quod impetrare a Francis ad reddendum
ecclesiis vel monasteriis non potuisti, quam ut in vertente anno ab uno-
quoque coniugio servorum XII denarii reddantur; et hoc gratias Deo, quia
hoc potuisti impetrare, et dum Dominus donaverit quietem, augentur et
luminaria sanctorum — pro eo quod nunc tribulatio accidit Sarrazinorum,
Saxonum vel Fresonum, sicut tu ipse nobis innotuisti. K. verwirft die einfache und richtige Auslegung Oelsner's und deutet das „ad reddendum",
statt es mit dem folgenden „reddantur" in Beziehung zu setzen, auf eine
von Bonifaz angeblich geforderte völlige Rückgabe. Die allerdings in keinem
mustergültigen Stile abgefasste Stelle heisst vielmehr: „Was aber das an-
belangt, dass du in Betreff der Zahlung des zu fordernden Zinses nicht
mehr von den Franken hast erreichen können, als dass jährlich 12 Denare
von jedem Hörigenhausstande gegeben werden sollen, so sei (in Anbetracht
der jetzt nach deiner eigenen Angabe herschenden Sarazenen-, Sachsen-

Herscher auf der Synode von 745 ein besonderes Kapitular erlassen hat. Dasjenige Karlmanns entspricht natürlich den in Austrasien durch die Synode von 743 geschaffenen Verhältnissen, von Pippins Gesetz ist uns nichts erhalten. Die Annahme, dass es mit dem seines Bruders durchaus übereingestimmt habe, ist nicht nur nicht geboten, sondern sogar höchst unwahrscheinlich. Dem Erlass eines gemeinsamen Gesetzes mussten doch eben Verschiedenheiten in den Verhältnissen im Wege stehen, durch welche gewisse Modifikationen geboten waren. Auch der gesonderte Bericht des Bonifaz an den Pabst über Karlmanns Gesetze weist auf eine solche Verschiedenheit hin.

Für die Kenntnis der Reform in Neustrien sind wir auf Pippins Kapitular von Soissons vom Jahre 744 angewiesen. Wir haben schon gesehen, dass dem dringendsten kirchlichen Bedürfnis auch hier Genüge getan, die Einsetzung von Bischöfen vorgenommen wurde[32]). Nach einer principiellen Restitution des Kirchengutes, wie sie in Karlmanns erstem Erlass ausgesprochen ist, sehen wir uns vergeblich um. Auf das Kirchengut beziehen sich nur folgende Worte: et de rebus ecclesiasticis subtraditis monachi vel ancillas Dei consolentur, usque ad illorum necessitati satisfaciant, et quod superaverit, census levetur. Also nur auf die Klöster soll sich die Massregel beziehen, von den precariae verbo regis soll ein Zins gezahlt werden, und die über ihre Kräfte belasteten

---

und Friesennot) Gott gedankt, dass du auch nur soviel — und dass, wenn Gott ruhigere Zeiten giebt, auch ein Beitrag zur Vermehrung der Lichter in den Kirchen gegeben werden soll (cf. ob. p. 55 N. 23.) — erlangt hast.

[32]) Jedenfalls gehört zu den damals ordinierten Bischöfen auch Gauziolen von Le Mans. In den Acta Cenom. c. 16. Mab. Anal. III p. 236 ist eine für ihn ausgestellte Urkunde vom 2. März 744 (erste Jahr Childerichs III., nicht Chilperichs, der von 715—20 regierte. cf. Hahn p. 164.) erhalten. Die Acta c. 16 erzählen, Gauziolen sei nicht von dem Bischof von Tours, zu dessen Metropolitansprengel Le Mans gehörte, sondern von dem von Rouen ordiniert; diese Notiz ist aber ziemlich das Einzige, was wir von dem ganzen dort gegebenen Bericht über die Erhebung des G. brauchen können. (cf. ob. p. 36.) Ich habe den Eindruck, als ob der Verfasser den Anstoss zu seinen Erfindungen eben durch diese Notiz erhielt, die ihm in Aufzeichnungen, die er benutzte, aufgefallen war; der Bischof von Rouen wurde 743 als Metropolit eingesetzt (Jaffé III No. 49. cf. Gest. Font. c. 12. Ss. II 285), in Tours war die Metropolitanverfassung noch nicht wieder aufgerichtet.

Klöster sollen so viel zurückerhalten, dass sie bestehen können. Damit ja kein Zweifel bleibe, stehen die Worte mitten unter lauter allein auf die Klöster bezüglichen Bestimmungen: ut ordo monachorum vel ancillarum Dei secundum regula stabiles sancta permaneant; et de rebus eccl. etc.; et abbati legitimi ostem non faciant. — Und nicht mehr gewinnt man aus einer späteren Kapitularienbestimmung: Syn. Vern. 755: In alia synodo nobis perdonastis, ut illa monasteria . . . hoc, quod eis demittebatis . . ., ut exinde, si regalis erat, ad domnum regem fecisset rationes abbas. . . . . Ganz ohne Grund hat man darin einen Beweis sehen wollen, dass in Soisson ein allgemeines Verfügungsrecht des Fürsten über das Kirchengut constituiert sein müsse; deshalb heisse es hier von den Gütern, die die Klöster zum Unterhalt bekommen hätten: „was Ihr ihnen gelassen habt." Aber „quod demittebatis" hat gar nicht diese Bedeutung sondern heisst einfach: „was ihr ihnen herausgegeben habt." Damit fällt die ganze Konstruktion[33]).

Von den Bistümern sagt das Capitulare Suessionense nichts, und doch wäre dies die Hauptsache gewesen. Über die Qualität der von den Klöstern gemachten Verleihungen konnte gar kein Zweifel obwalten: wenn die Prekarienschreibung in vielen Fällen unterblieben war, ein nur pro forma festgesetzter Zins oft nicht gezahlt wurde, so waren das einzelne Unregelmässigkeiten, gegen die man einfach die gesetzlichen Vorschriften in Erinnerung zu bringen brauchte (et quod superaverit, census levetur). Die vakanten Bistümer aber befanden sich in einem vollkommen irregulären Zustande: was sollte nach der Ernennung von Bischöfen mit Männern, wie Remigius in Langres oder Milo in Reims geschehen? Karlmann hatte die Consequenz gezogen, den Bistümern, die nun Bischöfe erhielten, auch ihr Vermögen wieder zuzusprechen, und die weltlichen Verwalter, die übrigens natürlich auf irgend eine Weise entschädigt werden mussten, ihrer Funktion zu ent-

---

[33]) Roth, Feudalität p. 100., Kaufmann p. 78, p. 81. Übrigens befiehlt nicht, wie K. meint, die Synode v. Ver; erstens hat sie allein gar nichts zu befehlen, jenes Kapitel ist ein Teil der petitio episcoporum, und zweitens betrifft diese Bitte nur die gewissenhafte Ausführung einer älteren Bestimmung.

heben. Die Verwandelung der von denselben vorgenommenen formlosen Vergabungen aus Kirchengut in precariae verbo regis war aber hier mit den Worten: „et fraudatas res ecclesiarum restituimus et reddidimus" in einem Kapitular an hervorragender Stelle als ein Hauptbestandteil der kirchlichen Reform proklamiert. die ganze Massregel war nichts weniger als selbstverständlich. Und in Pippin's Gesetz, dem dasjenige Karlmann's zur Grundlage diente, sollte diese Bestimmung ohne Grund von jener hervorragenden Stelle entfernt, sie, die vorzugsweise die Bistümer anging, ohne Grund unter die Vorschriften für die Klöster gesetzt sein? Aus der deutlichen und würdevollen Form, die man vorfand, sollte man ohne Not die stümperhaften, fast unverständlichen, ganz anderen Sinn enthaltenden Worte gemacht haben, die im Kapitular von Soissons vorliegen? — Man hat gemeint, Pippin's Verordnung sei in Rücksicht auf die seines Bruders kurz gefasst (Kaufm. p. 82). Aber es ist nicht kürzer, nur von Klöstern, statt von dem ganzen Kirchengut zu reden. Und das Gesetz eines Nachbarreiches konnte wohl als Vorlage dienen, aber man durfte sich doch nicht in der Weise darauf beziehen, dass man wegliess, worauf es ankam, weil es in jenem schon gesagt war: austrasische Kapitularien hatten doch keine Geltung in Neustrien. Dazu kommt endlich, dass das Capitulare Liftinense, welches dort hauptsächlich gemeint war, überhaupt erst ein Jahr nach dem von Soissons erlassen ist, also unmöglich in diesem abgekürzt sein kann[34]).

Ein Vergleich der ersten Erlasse beider Brüder ist allerdings höchst interessant, aber weniger der Ähnlichkeit, als der Verschiedenheiten halber. Man verstopft sich die Quelle der Belehrung, wenn man die Auslassungen und Änderungen, die die Versammlung von Soissons bei Redaktion ihrer Beschlüsse an ihrer

---

[34]) Kaufmann p. 82. „Die Verordnung Pippins, zu Soissons erlassen im Jahre 744, ist kürzer gefasst und offenbar mit Rücksicht auf die von Karlmann erlassene Verordnung. Die Höhe des Zinses, die Frage des Todfalles, das Versprechen für die Zukunft sind wohl eben deshalb nicht aufgenommen." p. 95. (Verbot des Kriegsdienstes.) „In dem Kapitular v. 744 nennt das Verbot zwar nur die Äbte, aber ebenso stehen hier auch bei der Säkularisation nur die Klöster. Die Bestimmung galt trotzdem für Klöster und Kirchen."

austrasischen Vorlage vornahm, auf Zufall zurückführt und so doch
wieder Übereinstimmung herstellt. Die Änderungen sind durchweg
absichtlich und zeigen, dass die Reform in Neustrien lange nicht
so scharf, als in Austrasien, direkt unter der Leitung des eifrigen
Bonifaz, durchgeführt ist[35]). Und so ist auch die Änderung der
Bestimmung über das Kirchengut absichtlich. Den Bistümern sind
ihre Güter wirklich nicht restituiert, die neu ernannten Bischöfe
erhielten Ämter ohne Einkünfte, oder waren vielmehr, so weit sie
nicht etwa andere Pfründen, Abteien oder Kirchen bekamen, auf
ihre Zehnten angewiesen[36]).

Unerhört war der Zustand nicht; wir wissen, unter Karl Martell
war es z. B. in Reims und Le Mans nicht anders gewesen, Milo
·hatte damals die Güter inne gehabt, während Rigobert und Lando
das bischöfliche Amt führten. So finden wir ihn nun auch nach
Abel's Ernennung im Besitz derselben und in dieser seiner Stellung
von der Staatsgewalt geschützt, Bonifaz hat dagegen kein Mittel
als ohnmächtige Klagen beim Pabst über ihn und seines Gleichen [37]).
Abel konnte in Folge seiner materiellen Mittellosigkeit ebenso
wenig wie Lando eine politische Rolle spielen, geriet wie dieser

---

[35]) cf. Excurs II.

[36]) Die Notiz der Annales Bertin. z. J. 750., Pippin habe quibusdam
episcopatibus vel medietates vel tertias rerum zurückgegeben, ist also wörtlich
zu nehmen, nicht zu ergänzen fraudatarum od. dgl.; auch unter Pippin war
bis ca. 750 der ganze Bestand dieser Bistümer der Verfügung der kanonischen Bischöfe entzogen geblieben.

[37]) Dass damit nicht etwa dessen Lebenswandel oder seine schlechte
Verwaltung in Trier gemeint ist, geht aus dem Ausdruck „tali nefario
opere", den der Pabst braucht (ep. Zach: 4. Nov. 751 Jaffé III 80. p. 224.),
hervor. Es muss etwas ganz Bestimmtes sein, was diese Menschen sich
zu Schulden kommen lassen, und wogegen der Pabst nichts, als eindring-
liche Ermahnungen zu empfehlen weiss; es kann kein Zweifel sein, was
das ist. (Auch Gewilieb von Mainz-Worms scheint, wenigstens in Worms,
auch nach seiner Absetzung im Besitz des Kirchengutes geblieben zu sein;
cf. dens. Pabstb. p. 225. Dass der Pabst von ihm an anderer Stelle redet,
als von Milo, erklärt sich aus der Verschiedenheit der Stellung beider.)
Vielleicht sind Remedius und seines Gleichen gemeint auch in dem Brief
des Bisch. Benedikt (Jaffé III, 83) mit den homines non timentes Deum, die
den falsi episcopi noch voranstehen (cf. ob. p. 51 N. 15.)

nachher in Vergessenheit (cf. Folcuin.); aber daraus darf nicht gefolgert werden, dass er vertrieben sei[38]).

Merkwürdig ist es, dass auch in Rouen der 743 eingesetzte Grimo im Bischofskatalog fehlt. Hält man damit zusammen, dass zwei von einander unabhängige Quellen behaupteten, Grimo's Nachfolger Ragenfried, ein Laie aus vornehmem fränkischem Geschlecht, habe schon zu Karl Martell's Lebzeiten das Bistum bekommen[39]), so liegt die Vermutung nahe, dieser möge vielleicht anfänglich nur die Güter des schon seit 734[40]) vakanten Bistums inne gehabt, dieselben auch nach Grimo's Einsetzung behalten, und nach dessen Tode die Ordination empfangen haben.

Ebenso verblieb wahrscheinlich auch in Langres das Vermögen des Bistums dem damit vor kurzer Zeit beliehenen Bruder Pippin's, Remigius[41]). In Le Mans, wo der neu eingesetzte Bischof Sohn und Bruder der bisherigen Gewalthaber war, wird man wohl ein Abkommen getroffen haben. Aber dass auch hier keine Restitution des ganzen Vermögens, keine Verwandelung der königlichen

---

[38]) Es mag immerhin sein, dass er, wie Lando in S. Wandrille, in Lobbes seinen Aufenthalt genommen, woher er vielleicht berufen war. (Folcuin. Gest. abb. Lob. c. 5, c. 7. Ss. IV p. 59.)

[39]) Gest. Font. c. 12, Ss. II 285 f. und Chron. Rotom. (Labbe Bibl. I 365) geben übereinstimmend 739 an. Das letztere, allerdings erst im 14. Jh. verfasste Werk muss einen wertvollen Katalog benutzt haben (wahrscheinlich fliessen die Bischofsreihe des Chron. Rot. u. der Katal. v. S. Wandrille, den Gall. Chr. XI, 9 anführt, aus derselben Quelle, beide schliessen mit 871 ab, nur scheinen dem letzteren die Jahreszahlen zu fehlen); von den controlierbaren Zahlen aus dem 8. u. 9. Jh. differiert nur eine einzige um mehr als ein Jahr von der richtigen (Willebert ist nicht 780, sondern zw. 803 u. 823 eingesetzt; der Fehler bei Adalards Antritt, 866 st. 871, ist nur ein Lese- oder Schreibfehler, — VI statt XI.); Hugo (chron. Rot. 722—730) erhielt 723 die Abtei S. Wandrille (Gest. Font. c. 8 p. 280) und † 8. April 730 (ibid. p. 281.); Remigius (Chron. Rot. 754—772) wurde 755 Erzbischof (Ann. Petav. Ss. I, 11, Gest. Font. Ss. II 286) und † 19. Jan. 771 (oder 772?, die Vita Remig., Kollarii Analecta Vindobon, I 942, giebt an, er sei 19. Jan. ao. 771, ordinationis vero suae 17, gestorben.) etc.

[40]) Hugo † 730; Ratbert, sein Nachf., war 4 Jahre im Amt (Katal. Gall. Chr. XI, 18.)

[41]) Nach der Erzählung des Chron. Bes. (cf. ob. p. 68 N. 1) muss man einen irregulären Zustand von längerer Dauer, und nicht von höchstens zwei Jahren annehmen. (cf. auch unt.)

Beneficien in precariae verbo regis, nach Art Karlmann's, erfolgt ist, zeigt ein Schriftstück aus dem Jahre 750, in dem der Bischof von Le Mans anerkennt, dass von einer Besitzung deren Zugehörigkeit zum Bistum unbestritten ist, keine Abgabe an dieses, sondern nur an den König die Heeresfolge zu leisten sei, ein Verhältnis, das freilich in 5 Jahren ein Ende haben soll[42]). Wer diese Tatsachen ansieht und dabei behauptet, in Soissons sei i. J. 744 eine Massregel erlassen, wie in Austrasien im vorhergegangenen Jahre, dem bleibt allerdings nichts anderes übrig, als anzunehmen, dass Pippin mit seinen Verordnungen nicht durchgedrungen sei. Damit ist man denn auch rasch genug bei der Hand[43]), ohne zu fragen, ob denn unsere übrige Kenntnis von Pippin's Regierung uns zu der Annahme berechtigt, dass er in seinem Reiche zu so trauriger Machtlosigkeit verurteilt gewesen sei. — Da nun aber ein Restitutionsgesetz von 744 keineswegs bezeugt ist, so werden wir, wenn wir Zustände, die einem solchen ins Gesicht schlagen würden, auch noch nach jenem Zeitpunkt herschend finden, daraus vielmehr einfach den Schluss ziehen, dass es überhaupt auch nicht erlassen ist.

Die erste Nachricht von einer umfangreicheren Restitution in

---

[42]) Act. Cen. c. 16. Magnifico fratri Abraham, misso domno Gauzioleno episcopo, seu et auditore suo Raganfredo agente. De Nova villa seu et vos et iuniores cognoscatis, quod nos concessimus Acileo illo facto, quem genitor suus Acibertus, qui vocatur Achita, quondam in Canasuerolas tenuit, vel moriens dereliquit, usque annos V ipse Achileus de ipso facto *aliud exinde non reddat, praeter tantum regalia in campo dominico procurare faciat:* interim quod de ipsa nostra recuperare posset, aliud exinde non exactetis, nisi quod diximus. Et quando ipsi quinque anni adimpleti fuerint, ipso facto in Dominico persolvere faciat.

[43]) Kaufmann p. 81. N., p. 91. „sollte es ihm auch nur in sehr geringem Masse geglückt sein, seine Ordnung durchzuführen". p. 84. „Man ist mit dem Gesetz nicht durchgedrungen. Im Jahre 748 klagt Bonifaz, dass im Frankenreiche noch immer Laien an Bischofs- und Abtsstelle die geistlichen Stifter verwalteten. Das war aber der vorzüglichste Notstand der Kirche, das hatten Karlmann und Pippin vorzugsweise abstellen wollen." An der Stelle, auf die sich Kaufmann hier bezieht (Bon. ad Cudb. Jaffé III, p. 208 f.) ist auch nicht mit einem Worte von Bischöfen die Rede, sondern nur von Laienäbten. Diese aber hatten Karlmann und Pippin, soviel wir wissen, weder vorzugsweise noch überhaupt abschaffen wollen.

Neustrien geben die Annales Bertin. zum Jahre 750. (Ss. I 138)
„Pippinus, monente S. Bonifatio quibusdam episcopatibus medietates vel tertias rerum (reddidit), promittens in postmodum omnia
restituere."

Roth ist der Ansicht, dass wir hier über einen im Vergleich
mit der von den Murbacher Annalen gemeldeten divisio gleich-
gültigen Vorgang von lokaler Bedeutung[44]) unterrichtet werden.
Aber es handelt sich vielmehr um ein Ereignis von hervorragender,
das ganze Reich umfassender Wichtigkeit.

Der Satz, dem wir unsere Kenntnis verdanken, ist nicht vor
829 geschrieben: bekanntlich sind die Ann. Bert. bis zu diesem
Jahre nur ein mit geringen Zusätzen, wozu auch unsere Notiz
gehört, versehenes Exemplar der Ann. Laur. Mai. Und er stammt
auch nicht aus einer gleichzeitigen annalistischen Aufzeichnung:
um einer solchen entnommen zu sein, sind jene Zusätze zu gering
an Umfang, der eine noch dazu wahrscheinlich zu einem ganz
unrichtigen Jahr eingetragen[45]). Aber statt vermindert zu werden,
wächst dadurch vielmehr der Wert der Angabe. Wir erkennen
in dem Schreiber jener Zeilen einen wohl unterrichteten Geistlichen
des neunten Jahrhunderts, der das von ihm copierte Geschichtswerk
mit wenigen aber trefflichen Beiträgen aus seiner eigenen Kenntnis
vermehrt: er kennt Namen und Herkunft von Pippin's Gattin, er
weiss (mit einem geringfügigen Fehler) das Datum von dessen
Salbung durch den Pabst anzugeben, er nennt das Kloster, in
welches der entthronte letzte Merovinger geschickt wurde, und
endlich: er erinnert sich, dass zur Zeit von Pippin's Erhebung auf

---

[44]) Feudalität p. 96. „Die Murbacher Annalen erwähnen eine allgemeine Massregel, die Bertin. Ann. dagegen nur eine vereinzelte Handlung.
[45]) Karl d. Gr. ist spätestens i. J. 747 geboren (Hahn Jahrb. Exc. 28).
Warum sollte Pippin Bertha erst i. J. 749 geheiratet haben? Sie war ihm
vollkommen ebenbürtig, denn sie war die Tochter eines Grafen von Laon
und stammte durch ihre Grossmutter aus dem arnulfingischen Hause. (cf.
Mühlb. Reg. 51. g.). Es war wohl überhaupt nicht die Absicht des Schrei-
bers, ein genaueres Datum für die Heirat anzugeben, als dass sie vor
Pippins Erhebung auf den Thron stattgefunden, er schiebt die Notiz vor
dem Bericht über dieses Ereignis, oder vielmehr die dasselbe vorbereitende
Gesandtschaft nach Rom ein. •

den Königsthron eine umfangreiche Restitution von Kirchengut vorgenommen worden ist, die er mit dem Einfluss des heiligen Bonifatius in Verbindung bringt. Die Bedeutung des hier gemeldeten Ereignisses geht aber nicht nur hinaus über die einer vereinzelten, lokal beschränkten Handlung, es verbietet sich auch, darin nur die Wiedereinschärfung einer Massregel zu sehen, deren ohne Vergleich wichtigerer Teil um Jahre früher läge[46]). Wir verwendeten oben als Argument gegen Roth's Ansicht von der divisio die Discrepanz zwischen dem von ihm angenommenen Zeitpunkt, 743—4, und dem von den Annalen gegebenen, 751; es war nicht abzusehen, warum die Annalen die Hauptmassregel hätten übergehen, ein Nachtragsgesetz erwähnen sollen. In sehr verstärktem Masse gilt dieselbe Erwägung für die Restitution. Jemand, der 80 Jahre nach den Ereignissen eine Notiz über die das Kirchengut betreffenden Vorgänge in ein Annalenwerk einschob, der musste unbedingt die Hauptmassregel verzeichnen, und nicht eine beliebige Revision derselben. Lesen wir also, i. J. 750 oder vielmehr 751 sei einer Reihe von Bistümern die Hälfte oder ein Drittel ihres Vermögens zurückgegeben, so haben wir darin den besten Beweis, dass Pippin die Zugeständnisse, die er, wie wir oben sahen, im Jahre 744 nicht gemacht hat, auch im folgenden Jahre in Lestinnes sich nicht hat abringen lassen[47]).

Bis zum Jahr 751 ist in den Bistümern, die auf dem Reichstage von Soissons kanonische Bischöfe erhalten hatten, die Verwaltung des Vermögens von der des geistlichen Amtes getrennt geblieben; als aber in diesem Jahre in mehreren Stiftern beides wieder vereinigt wurde, hat man sich nicht auf die Umwandelung der entfremdeten Güter in precariae verbo regis beschränkt, sondern ein Drittel oder die Hälfte der Güter der wirklichen Disposition des Bischofs zurückgegeben.

---

[46]) Waitz III 37. N. „mag nun die früher beschlossene Massregel in diesem Jahre wieder eingeschärft, oder in einzelnen Teilen des Reichs zur Ausführung gebracht sein".

[47]) Ich mache ausdrücklich darauf aufmerksam, dass die Notiz von 750 nur von Bistümern redet: wir haben oben gesehen, dass die Restitution der Klostergüter, deren Verhältnis ein anderes war, schon 744 erfolgte.

Wir erwogen oben die Schwierigkeiten, welche Pippin i. J. 744 abgehalten haben müssen, dem Beispiel seines Bruders zu folgen. Sollten sich die Verhältnisse im Verlaufe von 7 Jahren so geändert haben, dass er jetzt glauben konnte, auf die Hälfte aller dem Vermögen der Bistümer entnommenen Beneficien verzichten zu dürfen? Und wie kam es, dass man nicht, was doch das Natürliche gewesen wäre, die Restitution allmälich vornahm, einzelne Güter, deren Inhaber starben, zurückgab, und jedenfalls ein Bistum nach dem andern berücksichtigte, sondern auf einmal über eine so bedeutende Masse verfügte?

In diesem Zusammenhange müssen wir die Nachricht der Murbacher Annalen „res ecclesiarum descriptas atque divisas" betrachten. Es ist vergebliches Bemühen, eine Übereinstimmung zwischen ihr und derjenigen der Bertinianischen Annalen nachweisen zu wollen[48]), nicht von einer Restitution sondern von einer Einziehung ist hier die Rede. Und auch die Bedeutung dieser Angabe gegen jene herabzudrücken darf man ebensowenig versuchen als das Umgekehrte[49]); auch die Massregel der Einziehung ist nicht von lokaler, sondern, obgleich natürlich an sich partiell, von allgemeiner Wichtigkeit[50]). Denn sieht man genauer zu, so

---

[48]) Waitz III 37. N. meint, die Worte der Ann. Bert. gehen wohl zurück auf eine Notiz, wie Ann. Alam. 751. cf. den Excurs über die Bedeutung des Wortes divisio.

[49]) Oelsner p. 10. „Am einfachsten erklärt sich dieser (der Satz der Murb. Ann.), wenn wir ihn auf ein lokales Faktum deuten", er meint gewalttätige Gütereinziehungen in Alamannien hinter dem Rücken Pippins.

[50]) Noch darf man endlich aus der Annalennotiz die ganze Massregel herausconstruieren wollen, in welchen Fehler Kaufmann (p. 83.) verfällt. Er will nichts von der partiellen Deutung des Wortes divisas wissen (p. 86.), und findet darin eine Säkularisation ausgesprochen (p. 84.). Aber er will den knappen Ausdruck wieder nicht so pressen, um daraus zu entnehmen, dass die Kirche bisher im Besitz ihrer Güter gewesen, sondern er construiert einen noch künstlicheren Begriff der divisio, in dem sowohl das Verteilen Oelsners, als das Teilen Roths und Waitz' (p. 90. N. 10.), sowohl die Säkularisation, als die Restitution liegen soll; die Annalennotiz soll nun aussagen, dass diese Kaufmannsche divisio i. J. 751 vorgenommen worden, und diese Massregel soll eine Revision derjenigen von 745 sein. Man braucht diese Sätze nur zusammen zu stellen um die Gezwungenheit der ganzen Construktion zu erkennen. — Dabei hat Kaufmann den Cha-

bemerkt man, dass die Murbacher Annalen gar nicht in erster
Linie von einer Verteilung der Kirchengüter, sondern von der
Aufnahme eines Verzeichnisses berichten: nicht die Fassung der
Nachricht in den Ann. Alam., in der sie gewöhnlich citiert wird,
sondern die der sog. Ann. Guelferbytani und Nazariani ist die
ursprüngliche: res ecclesiarum descriptae, *quae et* divisae[51]). Es
ist unmöglich dabei an eine Beraubung durch Private oder überhaupt an einen nur das Kloster Murbach und dessen nächste
Nachbarschaft umfassenden Vorgang zu denken, die Worte weisen
entschieden auf eine Massregel im grössten Stile hin.

Also in einem vollkommen geordneten Verfahren sind Restitution und Einziehung neben einander her gegangen: nach Mass-
gabe des Vermögens der einzelnen Stifter wurde der Ausfall, der
für die Staatsgewalt auf der einen Seite durch Zurückgabe der
Beneficien entstand, durch Heranziehung anderer, die bisher noch
gar nicht, oder in geringer Ausdehnung von einer divisio be-
troffen waren, gedeckt und so nach und nach eine gerechte und
geregelte Verteilung der Lasten herbeigeführt. Dabei ist es allerdings sogar sehr wahrscheinlich, dass die Vasallen, die in Neuster
ihre Beneficien aufgeben mussten, vorzugsweise in Alamannien,
dessen letzter Herzog erst i. J. 747 entsetzt war, entschädigt
wurden.

Wenigstens einen einzelnen Beleg für diese Vorgänge haben
wir. In dem Bistum Le Mans, welches, wie wir wissen, unter
Karl eine divisio erlitten hatte, ist i. J. 751 eine Regelung der
Verhältnisse, Einführung von Zins und Prekarien, vorgenommen.
Zwei der darauf bezüglichen Urkunden sind erhalten; in beiden

---

rakter der Massregel als eines geregelten Ausgleiches auf Grund einer
allgemeinen Aufnahme der Kirchengüter richtig erkannt. Mit Recht benutzt er (p. 87. N. 3.) zur Erklärung des Vorganges von 751 die von Roth
(B. W. 321.) einfach als unglaubwürdig verworfene Erzählung der Miracula
S. Martini Vertav. c. 6. Mabillon I 376. Cum rex iussisset, coepit facultates
sanctorum locorum inquirere et medias tabulis fiscorum regalium inscribere.
Man wäre nicht darauf gekommen, eine derartige Begebenheit zu erfinden,
ohne dass eine ähnliche, wirklich geschehene als Vorlage gedient hätte.

[51]) Dieser Umstand hindert, describere einfach im Sinne von „Schatzen"
(cf. Luc. II, 1.) aufzufassen, der Pleonasmus wäre zu stark.

wird der Prekarienzins und die Verpflichtung zur Erneuerung der
Prekarien in fünfjährigen Zwischenräumen erwähnt, die eine (Act.
Cen. c. 16. p. 237.) ist sogar selbst eine solche Erneuerung (p. 239.
precaria, quam per quinquennium renovatam manus nostrae robo-
raverunt) und aus dem fünften Jahre Pippins datiert, die erste
Ausfertigung erfolgte also i. J. 751. Die andere[52]) rührt aus dem
ersten Jahre Pippins, ist also zwischen November 751—752 geschrieben. Diese letztere besonders lässt deutlich den Vorgang
erkennen: es ist darin von einer Reihe von Gütern die Rede, die
Pippin ad ipsam ecclesiam reddere iussit, und die der Prekarien-
inhaber darauf „per verbo domno nostro Pippino" als Benefiz
gegen jährliche Zahlung von einem Pfund Silber wiedererhält.
Also das „reddere" bedeutet genau wie in Karlmann's Kapitular
nur die Anerkennung des Rechtes der Kirche an das Gut.

Aber das ist auch Alles, was wir von der ganzen Restitution
und Einziehung des Jahres 751 mit Sicherheit nachweisen können.
Alle übrigen unter Pippin fallenden Einzelvorgänge beiderlei Art
sind, soweit wir überhaupt für ihre genauere Datierung Anhaltspunkte haben, entweder früher oder später anzusetzen. Dies ist
kein Zufall. Die von den Annalen gemeldete Massregel hat ihre
Bedeutung einerseits als Anfangspunkt der Restitution in den Bistümern, andererseits aber eben als die einzige nachweisbare von
allgemeinerem Umfange. Im Übrigen charakterisiert sich Pippins
Verfahren gerade dadurch, dass es nicht plötzlich und sprunghaft,
sondern durchaus vorsichtig, ruhig und stetig ist, sich durch seine
ganze Regierungszeit in ununterbrochener Kette hindurchzieht.

So ist es mit der Restitution, so auch mit der Einziehung.
Denn dies gilt es jetzt hervorzuheben, dass, wenn man Pippins
Handlungsweise im Ganzen überschaut, man doch nicht die Restitution als das Hauptmoment darin erkennt, sondern die fort-
schreitende Einziehung. Wie könnte es auch anders sein? Wir

---

[52]) Gest. Aldr. c. 62. Dass diese Prekarien bei der fünfjährigen Erneuerung einfach wörtlich copiert wurden, dafür ist ein Beleg die Urkunde
in c. 63; obgleich dieselbe nur eine Erneuerung der schon 752 ausgestellten
Prekarie ist, hat sie doch noch den auf die Restitution bezüglichen Passus
beibehalten.

wissen, die Einziehung bedeutete Austeilung von Beneficien an königliche Vasallen, an die Mannschaften, die die grossen auswärtigen Kriege ermöglichten, und mit denen die wiedererworbenen Provinzen geschützt und im Zaume gehalten wurden. Beides, sowohl die auswärtigen Feldzüge im Allgemeinen, als die Wiederunterwerfung abgelöster Reichsteile nimmt unter Pippin einen immer grossartigeren Massstab an; notwendig muss eine immer weitergreifende Ausdehnung der Vasallität damit Hand in Hand gegangen sein. — Schon Karl Martell hatte damit begonnen, Burgund und die Provence durch Besetzung mit zuverlässigen Männern zu sichern[53]); aber unendlich langsam ging dies Befestigungswerk von Statten, immer von Neuem flammte der kaum gedämpfte Aufruhr wieder empor, immer neue Züge mussten in in diese Gebiete unternommen, und wie wir anzunehmen haben, immer neue Schaaren von königlichen Vasallen darin angesiedelt werden. Nun muss es zwar bei diesen fortwährenden Revolten auch viele Confiskationen von Privatgut gegeben haben, mit dem die zurückbleibende Besatzung ausgestattet werden konnte, aber wir wissen, dass auch die Kirchengüter scharf herangezogen sind. Von Auxerre, Langres, Autun, Nevers, Mâcon, Lyon, Vienne, Marseille, Viviers, Agde, S. Maixent ist es ausdrücklich bezeugt, dass sie eine divisio erfahren haben, und wir hören, dass i. J. 822 Agobard mit einer Andeutung auf Restitution einen Sturm unter den Grossen der Provence und Septimaniens erregte[54]). Pippins Kapitular von 768 zeigt uns die Organisation einer reichlich mit Kirchengut ausgestatteten Vasallität auch über Aquitanien ver-

---

[53]) Fred. cont. c. 109. regionem Burgundiae sagaciter penetravit, fines regni illius leudibus suis probatissimis, viris industriis, ad resistendas gentes rebelles et infideles statuit, pace patrata Lugduno Gallia suis fidelibus tradidit (a. 733.). — Cont. III c. 109. usque Marsiliensem urbem vel Arlatum suis iudicibus constituit. cf. Waitz III 17 f.

[54]) cf. Roth Feudalität p. 118. Agob. ad quendam amicum de dispensatione rerum ecclesiasticarum. Bouq. VI p. 361: Significavit mihi fidelis ac veneranda dilectio tua, quod clari et honorati viri per Septimaniam et Provinciam consistentes, de me incessanter obtrectando loquantur . . dicentes movisse nos, ac praecipue me, inauditam contentionem atque discordiam pro ecclesiasticis rebus etc.

breitet[55]), noch i. J. 866 ermahnt Pabst Nicolaus I die Laienschaft dieses Landes zur Herausgabe der Güter, die die Könige zu irgend welcher Zeit den Kirchen weggenommen und zu Benefiz gegeben hätten[56]). — Gewiss haben an diesen Einziehungen, wie in Burgund und Provence Karl Martell, so namentlich in Septimanien und Waskonien[57]) auch die späteren Regenten ihren Anteil gehabt, aber man müsste sich geflissentlich die Augen verschliessen, um sie nicht der Hauptsache nach unter Pippin zu setzen.

Namentlich die beiden Gelehrten, die Pippins Regierungszeit in den „Jahrbüchern der deutschen Geschichte" behandelt haben, Hahn und Oelsner, haben sich die grösste Mühe gegeben, möglichst alle von Roth gelieferten Beweise für Einziehung in einzelnen Stiftern unter Pippin zu entkräften, und wo sie selbst dies als unmöglich erkannten, die Vorgänge, um die es sich handelt, als hinter Pippins Rücken geschehen darzustellen[58]). — Es ist wahr, die Anklagen und Flüche der Geistlichkeit richteten sich naturgemäss zumeist gegen diejenigen, die den Genuss von den geraubten Gütern hatten; aber wenn man von den Fürsten, aus deren Hand jene ihren unrechtmässigen Besitz empfingen, schwieg, so geschah das nur aus Pietät gegen die noch herschende Dynastie. Man muss doch bedenken, dass die Staatsgewalt das allerwesentlichste Interesse an der Erhaltung der Stifter in leistungsfähigem Zustande hatte; wir müssten sie als in jammervolle Ohnmacht versunken und nicht als das kraftvolle Regiment Pippins kennen, um zu glauben, dass bei ihr beispielsweise das Bistum

---

[55]) Cap. p. 42 f. c. 1. Ut illas ecclesias Dei, qui deserti sunt, restaurentur tam episcopi quam abbates, vel illi laici homines, qui exinde benefitium habent. — c. 3. Ut quicquid episcopi, abbates vel abbatissas vel reliqui sacerdotes de rebus ecclesiarum ad eorum opus habent, quieto ordine possideant, sicut in nostra sinodo iam constitutum fuit; et si quis exinde postea aliquid abtraxit, sub integritate reddat. — c. 11. Ut omnes laici et saeculares, qui res ecclesiae tenent, precarias inde accipiant.

[56]) Migne 119 p. 1115. Similiter autem et de his hortamur a vobis fieri, quae reges quandocumque a sanctis locis aliquo tempore abstulerunt et vobis in beneficium contulerunt.

[57]) Über eine Einziehung von Klostergut durch Eudo cf. Mirac. S. Austregis. Mab. Act. II 100.

[58]) cf. bes. Oelsner p. 7 ff., Hahn p. 185.

Trier gegen die Wegnahme seines halben Vermögens durch die Grafen keinen Schutz habe finden können. Apologetische Bestrebungen, die Roth (Feud. p. 73) als für die ältere Forschung charakteristisch bezeichnet, sind hier offenbar massgebend gewesen. Aber die moralischen Vorwürfe, gegen die man Pippin zu verteidigen sucht[59]), sind ihm gar nicht gemacht. Von diesem Standpunkte sieht mit Recht Hinkmar, der noch mitten in den Verhältnissen steht, die Dinge an, aber wir dürfen es doch nicht. Karl und Pippin taten, was politisch notwendig war, die kirchliche Gesinnung des Letzteren bleibt davon ganz unberührt, wenn es freilich auch sehr übertrieben ist, ihn darin mit seinem Enkel, Ludwig dem Frommen, auf eine Stufe zu stellen.

Belege im Einzelnen, die für Karl Martell's Massregeln nur spärlich flossen, haben wir aus Pippins, der litterarischen Fixierung historischer Erinnerungen näher liegenden Zeiten für beide Seiten seiner Tätigkeit, Restitution wie Einziehung, über Stifter im Süden wie im Norden des Reichs. — In mehreren Fällen können wir die allgemeine Art des Vorschreitens der Einziehung genauer verfolgen: anfangs radikale Massnahmen in einzelnen Stiftern, dann teilweise Restitution und Heranziehung anderer, zuerst unberührter.

Zu den unter Karl Martell am härtesten betroffenen Bistümern gehörte, wie wir wissen, Reims. Auch unter Pippin blieb Milo im Besitz des Bistumsvermögens. Nach dem Tode desselben aber hat der König an Tilpin, der wahrscheinlich schon seit einer Reihe von Jahren das bischöfliche Amt bekleidete, einen Teil der Güter zurückgegeben[60]). Dafür wurde nun Trier, wo Milo Bischof gewesen und das Vermögen intact geblieben war, herangezogen[61]),

---

[59]) Oelsner p. 9. verwahrt sich zwar ausdrücklich dagegen, zwei Seiten später aber sagt er: „Wenn zu Ludwigs d. Fr. Zeiten eine Gütereinziehung damit entschuldigt wurde, sie sei von der Notwendigkeit geboten, sie geschehe mehr zur Verteidigung, als zum Raube, so würde eine solche Rechtfertigung auch Pippin gebühren." Gewiss! aber niemand versagt sie ihm.

[60]) Hincm. V. Remig. Praef. Migne 125 p. 1129. Pippinus, sicut et aliarum ecclesiarum episcopiis, tunc Remensi episcopio partem de rebus ecclesiasticis reddidit.

[61]) Vielleicht gehört hierher auch die Einziehung in Laon. Sehr be-

und zwar sehr energisch, die Hälfte aller Güter wurde der Verfügung des Bischofs entzogen[62]). Genau ist der Zeitpunkt nicht festzustellen, aber er wird ungefähr um das Jahr 760 anzusetzen sein: Bischof Wiomad[63]) wird 13. Aug. 762 in einer Urkunde Pippins für Prüm (Mühlb. No. 93) zuerst erwähnt, 751 (ep. Zach, Jaffé III. 80 p. 224) ist Milo noch am Leben; wenn der letztere in Reims seit 720 (cf. Excurs 1) und ca. 40 Jahre lang (Hincm. V. Remig. p. 1129) die Gewalt in Händen hatte, so kann sein Tod nicht viel vor 760 fallen.

Ob die divisio in Langres noch unter Karl Martell oder erst nach dessen Tode eingetreten ist, können wir nicht mit Bestimmtheit entscheiden (cf. ob. p. 42), es kommt auch nun nicht mehr viel darauf an, jedenfalls erfolgte sie um das Jahr 741. Remedius, Pippins Bruder, der die Güter dieses Bistums inne hatte, wurde i. J. 755 Erzbischof von Rouen[64]), darauf fiel das Bistum wieder an die rechtmässigen Bischöfe zurück[65]). Vielleicht haben wir mit dieser Restitution die Einziehung in dem benachbarten Bistum Auxerre in Verbindung zu setzen. Die Tradition steht hier in eigentümlicher Weise unter dem Einflusse der allgemeinen Anschauung, dass Karl Martell der Urheber der Kirchenberaubung gewesen: die Bistumsgeschichte setzt den Bischof Aidulf unter Karl Martell und lässt ihn nur usque ad Pippinum perdurare, offenbar nur weil sie mit jener Anschauung die Tatsache combiniert, dass in Auxerre die Verarmung der Kirche aus Aidulf's Zeit

---

deutend scheint sie nicht gewesen zu sein: Hinkmar (V. Remig. c. 67. Migne 125 p. 1174.) berichtet nur von quaedam villae, die der König quasi sub censu genommen habe.

[62]) Urk. Ludw. d. K. 19. Sept. 902. Beyer, Mitt. Rh. U. B. I p. 214. . . ut Trevericae civitatis monetam, theloneum censales, tributum atque medemam agrorum cum fiscalibus hominibus, quae quondam tempore Wiomadi, eiusdem urbis archiepiscopi, de episcopatu abstracta et in comitatum conversa fuissent noscuntur, eidem episcopio nostrae maiestatis auctoritas restitueret. cf. Roth. Feud. p. 89, wo aber Wiomads Amtsdauer falsch angegeben ist.

[63]) † 791. Ann. Maxim. Ss. XIII, 22.

[64]) Ann. Petav. Ss. II, 11.

[65]) Chron. Bes.: remoto Remigio episcopatus Lingonensis episcopis legitimis cessit.

sich herschrieb. Diesen Bischof aber mit dem grössten Teile seiner Amtsführung unter Karl zu setzen[66]), fällt schon darum sehr schwer, weil drei (nach den Gest. Autiss. sogar vier, von denen aber wohl Quintilianus und Cillianus dieselbe Person sind) Bischöfe zwischen seinem Antritt und der i. J. 732 erfolgten Absetzung Ainmar's liegen. Vor allen Dingen aber hat man den authentischsten Teil der ganzen Überlieferung unbeachtet gelassen, die Zahlen des Bischofskataloges, und diese ergeben mit Sicherheit als Antrittsjahr des Aidulf 748[67]). Es kann also keine Rede davon sein, die Einziehung in Auxerre unter Karl zu versetzen, wenn auch die Bistumsgeschichte damit vorangeht.

Ebenso wenig als die Massregel in Langres ist ihrem Zeitpunkte nach die in Lyon sicher zu fixieren. Es steht keineswegs so fest, wie es nach Roth scheinen möchte (B. W. p. 339, Feud. p. 86), dass sie erst unter Pippin vorgenommen ist; in der Ausführung schliesst sie sich den unter Karl Martell vorgenommenen

---

[66]) Das ist offenbar die Meinung der Gest. Autiss.; hätte sie gemeint, dass Aidulf 740, wie Roth will, sein Amt angetreten, so hätten sie nicht gesagt: sedit temporibus Karoli maioris et perduravit usque ad Pippinum. Roth will aus der Stelle herauslesen, dass hier die ganze „Säkularisation“ unter Pippin gesetzt werde, weil es heisst „eius tempore res ecclesiasticae ab episcoporum potestate per eundem principem abstractae in dominatum saecularium cesserunt.“ Aber mit dem „per eundem principem“ ist doch sicher der gemeint, unter dem hauptsächlich der Bischof gelebt haben soll; dass Pippin an letzter Stelle steht, macht nichts aus, beide Sätze folgen nicht unmittelbar auf einander.

[67]) Nicht 740, wie Roth (B. W. p. 450.), noch 729, wie Oelsner (p. 3. N. 6.) meint. Die Amtsjahre der Bischöfe lassen sich noch mit ziemlicher Sicherheit angeben:

Herebold † 25. Aug. 857. Ss. XIII, 397. (H. selbst noch im Aug. 856 bezeugt, Leg. I 447. N. 1., sein Nachf. Abbo, der 2 Jahre u. 10 Monate sass, † vor Juni 860, Leg. I 469) sed. an. 33, also seit 823/4.

Angilhelm, sed. an. 17, † 7. Jul. (823), also seit 806.

Aaron sed. an. 13, † 13. Febr. (806), also seit 792, erhält i. J. 800 von Karl in Rom eine Abtei (Gest. Aut.)

Maurinus sed. an. 28, † 6. Aug. (792), also seit 764.

Aidulf sed. an. 15, † 13. Nov. (763), also seit 748.

Clemens sed. an. 5, mens. 1., also seit 743.

Cillianus sed. an. 6, mens. 2., also seit 737.

Theodrannus (ohne Zeitangabe) † 2. Dec. (736).

an, d. h. sie ist bei Gelegenheit einer Vakanz erfolgt[68]). Die Angabe, dass diese zehn Jahre gedauert und in Pippins Regierungszeit ihren Anfang genommen habe, beruht nur auf willkürlicher Schätzung neuerer Schriftsteller[69]). Aus Ado's Notiz ist gar nichts Genaueres, nur eben das zu gewinnen, dass auch in Lyon um die Mitte des achten Jahrhunderts ein Zustand, wie in Vienne eingetreten ist. Eigentlich gleichzeitig mit der dortigen Vakanz, die frühestens 752 begann und bis 767 dauerte, könnte man die in Lyon auch dann nicht nennen, wenn sie wirklich, wie man gewöhnlich annimmt, in die Jahre 744—754 fiele. Da aber Fulkoald der einzige Bischof zwischen dem schon 693 (Beda V 9) nachweisbaren Godinus und der Vakanz ist, möchte ich seinen Tod schon früher als 744 ansetzen. Es mag sein, dass sein Nachfolger Madalbert von Pippin während dessen Anwesenheit in Lyon i. J. 754 ernannt ist (Le Cointe a. a. O.).

Vielleicht besteht zwischen dieser Ernennung und der Einziehung in Vienne dasselbe Verhältnis, wie zwischen der teilweisen Restitution in Reims und der teilweisen divisio in Trier nach Milo's Tode. Bischof Willihar von Vienne verliess sein beraubtes Bistum und wandte sich nach Rom an Pabst Stephan III (752—757). War es wirklich i. J. 754, so hoffte er vielleicht, durch persönliche Verwendung des Pabstes bei dem damals in Italien zu Felde liegenden Pippin etwas zu erreichen[70]): jedenfalls

---

[68]) Ado Ss. I 319. . . vastata et dissipata Viennensis et Lugdunensis provincia aliquot annis sine episcopis utraque ecclesia fuit laicis sacrilege et barbare res sacras ecclesiarum obtinentibus.

[69]) Sévert. Chronol. historica archiantist. Lugd. (1628.) p. 170 f. No. 52 rechnet die Vakanz von ca. 730—41 und nennt sie daher gelegentlich zehnjährig (§. 3 p. 171.), während er vorher, an der Stelle, wo er eigentlich von ihr berichtet, nur die aliquot anni des Ado kennt. Le Cointe V p. 109, p. 450 greift das „decennium" auf und gewinnt, indem er es mit seiner eigenen Annahme, dass Madalbert i. J. 754 eingesetzt sei, verbindet, die Datierung 744—754.

[70]) Wenn Ado nur sagt, er habe sein Bistum aus Zorn über die unwürdige Erniedrigung desselben verlassen, so braucht das ebenso wenig massgebend für uns zu sein, als dass er die Abreise W.'s nach Rom und die Anwesenheit Pippins in Vienne einfach neben einander erzählt, ohne den von uns für wahrscheinlich gehaltenen Zusammenhang anzudeuten. Er lebt eben hundert Jahre nach den Ereignissen, von denen er hier berichtet,

war dies vergeblich, denn er kehrte nicht nach Vienne zurück, sondern übernahm die Leitung des Klosters S. Maurice d'Agaune. Die Reise Willihars nach Rom mit der Wallfahrt des Abtes Austrulph von S. Wandrille in Verbindung zu setzen (Oelsner p. 24), liegt kein Grund vor, und ebenso wenig, sie später als seinen Eintritt ins Kloster, aber früher, als seine Erhebung zum Abte zu setzen, wie Hahn (p. 188) tut, der diese beiden Akte scheidet, um die Einziehung in Vienne über den Anfang von Stephan's III Pontifikat hinauf und in die Regierungszeit Karl Martell's zu rücken. Ado sagt ausdrücklich, er sei zuerst nach Rom gegangen, und dann nach Agaune[71]). Dass das letztere zweimal erzählt wird, ist nur Unbehülflichkeit des Autors, der erst die Amtstätigkeit Willihars bei Gelegenheit seines Antrittes zusammenfassend erzählt und dann seine Abdankung an der Stelle, wohin sie der Zeitfolge nach gehört, wie er denn auch die Erhebung des Bertericus zweimal mitteilt, einmal bald nach der Abdankung seines Vorgängers, wo dann auch Proculus gleich angeschlossen wird, und dann, ebenfalls im chronologischen Zusammenhange, bei Gelegenheit der Anwesenheit Pippins in Vienne auf seinem letzten aquitanischen Feldzuge[72]).

Aus Pippins Königszeit stammt ein interessantes Dokument, das sich auf die Massregeln im Bistum Mâcon bezieht[73]). Leider ist der Text desselben gerade an einer entscheidenden Stelle so verdorben, dass man Sicheres nicht daraus entnehmen kann. So viel steht fest, dass zur Zeit der Abfassung desselben das Bistum

und stellt die Nachrichten, die er in seinen verschiedenen Quellen gefunden, trocken zusammen, nur zuweilen, und dann nicht immer ganz sachgemäss, pragmatisierend.

[71]) Oelsner (p. 9.) will es dahin gestellt sein lassen, es komme nichts darauf an, weil die Tat nicht der Staatsgewalt, sondern nur unbestimmt den Franken zugeschrieben werde. (cf. ob. p. 72.)

[72]) Wenn aber Ado sagt, dass Vienne unter der grossen Kirchenberaubung zu leiden gehabt habe, so folgt daraus nicht, dass diese erst mit Pippin begonnen habe. Das folgt nur dann, wenn die divisio eine plötzliche, einmalige Handlung ist. Nimmt man das nicht an, so kann der Zeitraum, in dem sie erfolgt ist, sich sehr gut über 741 rückwärts erstrecken.

[73]) Breve commemoratorium etc. Ragut. Cart. de S. Vincent de Mâcon p. 55.

längere Zeit vakant war und von königlichen missi, dem Grafen
Fromold und dem Abte Leutarius[74]), verwaltet wurde. Wir erkennen, dass die meisten dazu gehörigen Abteien und Landgüter
eingezogen sind und einesteils für den Fiskus bewirtschaftet
werden, andresteils sich als Beneficien in Händen königlicher Vasallen befinden; von denselben wird ein jährlicher Zins versprochen[75]). Was über die im Vorhergehenden aufgezählten Colonen
in verschiedenen Ortschaften bestimmt wird, ist nicht mit Gewiss-
heit zu sagen, die Worte der im Cartular von Mâcon erhaltenen
Abschrift sind unverständlich. Doch scheint mir die Vermutung
gerechtfertigt, dass hier dasjenige aufgezählt wird, was der König
dem Bistum „pro suo augmento vel mercede" belassen will, nämlich eine villa vollständig, in zwölf anderen die Dienste einer
grösseren oder kleineren Anzahl von Leuten. Vielleicht hatte die
Ausdehnung über möglichst viele Ortschaften den Zweck, die Zugehörigkeit derselben zum Bistum in Erinnerung zu erhalten. Die
Wiederbesetzung des bischöflichen Stuhles wird als ein Zuge-
ständnis in Aussicht gestellt[76]); wahrscheinlich stehen also auch hier
Vakanz und Einziehung in Zusammenhang; und da die erstere
jedenfalls erst nach 743, in welchem Jahre Pippin dem Bischof
Domnolus die verbrannte Immunität erneuert (Pard. II 568), eingetreten ist, so wird auch die letztere erst unter Pippin's Regierung vorgenommen sein.

Dazu kommt endlich die abermalige Schatzung des reichen
Klosters S. Wandrille von 753 an (cf. Roth Feud. p. 89 ff.), die
Einziehung in Marseille, die jedenfalls nach 739 erfolgte (a. a. O.
p. 86), und die Verluste, die die alamannischen Kirchen erlitten,
nachdem Pippin das Reich seines Bruders übernommen hatte[77]).

---

[74]) Wahrscheinlich der spätere Bischof, dessen Name in Luitgardus,
Leduardus, Leidradus verstümmelt wurde.

[75]) Die Worte nonas et decimas de quantumcumque ibidem labora-
verint, sind vielleicht interpoliert, aber darum doch nicht das ganze Schriftstück aus späterer Zeit (Waitz III p. 39. N.).

[76]) . . . . vel ipsi Matiscensi episcopo, quem ipse domnus rex inantea,
Christo propitio, iubebit ibi promittere (für permittere).

[77]) Welche Stellung auch immer Warin und Rudhard in Alamannien
eingenommen haben mögen (Stälin I 241, Waitz III (2te Aufl.) p. 313. N. 1.),

Leider ist uns von Bonifaz seit den Reformsynoden keine Äusserung über diese Verhältnisse aufbewahrt. Vorsicht mochte schon für die Abfassung der Briefe nach Rom durch die unsichere Art der Beförderung und die geringe Achtung vor dem Briefgeheimnis, wie sie damals herschten, geboten sein; die wichtigsten Aufträge werden die Boten oft mündlich bestellt haben; und was die Correspondenz etwa noch Anstössiges enthalten mochte, musste jedenfalls bei der Herausgabe getilgt werden. — Wenigstens indirekt lässt sich noch erkennen, in welchem Sinne Bonifaz an den Pabst berichtet haben muss; ein Brief des Zacharias vom 4. Nov. 751 (Jaffé III 80 p. 225) antwortet auf eine (für uns verlorene) Anfrage des Bonifaz folgendermassen: De censu autem ecclesiarum, .id est solidum de casata, suscipe, et nullam habeas haesitationem; dum ex eo poteris elymosinam tribuere et opus perficere sanctarum ecclesiarum iuxta canonum instituta. Bonifaz hatte also Gewissensbedenken geäussert, ob er nicht, indem er sich von den entfremdeten Kirchengütern Zins geben lasse, den unkanonischen Zustand indirekt anerkenne und sich dadurch zum intellektuellen Mitschuldigen mache.

Wie wir diese nachträglichen Skrupel aufzufassen haben, zeigt der Vergleich mit einigen anderen Stellen dieses Pabstbriefes und des Fragmentes, das von Bonifazens vorangegangenem Schreiben erhalten ist: Bonifaz bittet um Absolution, weil er sich zu der Zeit, als er um der Not der Kirche willen an den Hof des Frankenfürsten (principem, also nur Pippin ist gemeint) gegangen sei, nicht gänzlich der äusseren Berührung mit der tief verderbten fränkischen Geistlichkeit habe enthalten können; er lehnt die Verantwortlichkeit

---

jedenfalls geht aus Walafrieds Worten (cf. Roth Feud. p. 91. f., Oelsner p. 329.) hervor, dass nicht nur S. Gallen, sondern auch andere Stifter in ihrem Besitzstande angegriffen sind. Auch die dem Bischof Sidonius und dem Abt Johannes zur Last gelegten unkanonischen Vergabungen aus dem Kirchenvermögen können nicht ohne Mitwirkung oder gar wider Willen der Staatsgewalt stattgefunden haben. Nicht im Privatbesitz der Nachkommen des Grafen Warin befindet sich der Ort Uznach, als ihn i. J. 821 Ludwig d. Fr. restituiert, sondern bildet einen Bestandteil des Fiskus zu Zürich. — Oelsner (c. 23.) adoptiert zu unbedenklich die Auffassung der unzuverlässigen S. Gallener Klostertradition.

dafür, dass die Franken ihr Versprechen in Betreff der Pallienangelegenheit noch nicht erfüllt haben, von sich ab; er sucht den
Pabst zum Einschreiten gegen einen als fornicator und pugnator
abgesetzten Bischof zu veranlassen, der sich das Kirchengut an-
masse; der Pabst muss ihn trösten: er werde seines himmlischen
Lohnes nicht verlustig gehen, ob auch seine Predigt gegen die
nichtswürdige Handlungsweise eines Milo und seines Gleichen
von keinem Erfolge begleitet sei. Und so scheint auch der gleichzeitig geschriebene Brief an den befreundeten vicedominus des
apostolischen Stuhles, Bischof Benedikt, nichts als Klagen enthalten zu haben. Eine tiefe Verstimmung über die Haltung des
Hofes, der doch am letzten Ende für alle die Übelstände verant-
wortlich zu machen war, über die eigene Machtlosigkeit, sehen
wir hier sich Luft machen. Aus dieser Verbitterung heraus erklärt
sich auch die veränderte Denkweise des Bonifaz über den Prekarienzins. Auch in diesem Punkte hatten sich die Hoffnungen
nicht erfüllt, die er hatte hegen dürfen, als er die Reform in Karlmanns Reiche, Hand in Hand mit dem Fürsten, begonnen hatte.
Nach dem Erlassen jener beiden ersten Reichstage hatte es, wenn
freilich auch von einer sofortigen, allgemeinen Restitution keine
Rede sein konnte, doch geschienen, dass der Beraubung wenigstens
Einhalt getan sei, und die Kirchen, nach und nach, aber doch in
absehbarer Zeit, wieder in den Genuss ihres Eigentums gelangen
würden. Wo der gute Wille sich so deutlich zeigte, wie hier, da
war es wohl erlaubt, der Notlage des Staates Rechnung zu tragen
und die kanonischen Forderungen nicht in ihrer ganzen Strenge
geltend zu machen. — Wie anders war es nun! Pippin dachte
gar nicht daran, auf das Kirchengut zu verzichten: wo er mit
der einen Hand gab, um Ordnung herzustellen, da nahm er mit
der andern; und an wie vielen Orten nahm er, ohne anderwärts
zu geben! Wie Bonifaz darüber dachte, hat er an einer Stelle,
wo er sich keine Zurückhaltung aufzuerlegen brauchte, ausgesprochen[78]): „qui Christi pecunias et ecclesiae fraudavit vel rapiet,

---

[78]) Ep. ad Aethilbaldum regem Jaffé III, 59. p. 174. „Praeterea nun-
tiatum est nobis: quod multa privilegia ecclesiarum et monasteriorum fre-

homicida ante conspectum iusti iudicis esse deputabitur." Hier
war seine Stellung eine vollkommen andere, als dem frommen
Karlmann gegenüber; wohl mit Recht mochte er sich fragen, ob
nicht auch eine so indirekte Anerkennung des Unrechtes, wie die
Annahme des Zinses, ihm als Verleugnung des kanonischen Prin-
cips ausgelegt werden könne.

Aber diese Auffassung des nur im kirchlichen Gedankenkreise
lebenden, der Vergangenheit, wie den gegenwärtigen politischen
Bedürfnissen des Frankenreiches fremd gegenüberstehenden Bonifatius kann unmöglich für die nationale Geistlichkeit massgebend
gewesen sein. Diese Männer hatten die schwere Zeit Karl Martells
selbst mit durchgemacht, nicht nur von aussen mit angesehen, sie
wussten die schwierigen Verhältnisse zu würdigen, unter denen
die Fürsten den Aufbau staatlicher Ordnung durchzuführen hatten:
als unendlich wohltätig werden sie das Verfahren der neuen
Regierung begrüsst haben. War es doch erst durch dasselbe
möglich, die Bistümer, deren Bedeutung nun eine wesentlich andere
war, auch nach kirchlichen, statt, wie bisher, lediglich nach politischen Gesichtspunkten zu besetzen und die untergegangene kirchliche Zucht nach und nach wiederherzustellen; waren doch die
Lasten zwischen den einzelnen Kirchen gleichmässig verteilt, ihr
Eigentumsrecht an das eingezogene Gut und Einkünfte davon,
wenn auch schmale, gesichert, gegen Beeinträchtigungen Schutz
von oben zu erwarten.

So kam es, dass noch später selbst Männer der strengeren
kirchlichen Richtung, wie Adalhard von Corbie, der freilich selbst
ein Spross des karolingischen Hauses war, das Andenken Pippins
hochhielten[79]), und dass die Nachwelt, in deren Gedächtnis das

---

gisses, et abstulisses inde quasdam facultates. Et hoc, si verum est, peccatum
grande esse dinoscitur, testante sacra scriptura, quae ait: Qui abstulerit
aliquid patri vel matri, et dicit: „Hoc non est peccatum" homicide particeps
est. Pater noster sine dubio Deus est, qui nos creavit, mater nostra ecclesia,
quae nos in baptismo spiritaliter regeneravit. Ergo qui Christi etc. De quo
quidam sapientium dicebat: Qui rapit pecuniam proximi sui, iniquitatem
facit; qui autem pecuniam ecclesiae abstulerit, sacrilegium facit.

[79]) Agobard de Dispensatione ecclesiasticarum rerum. 3. Opp. p. 269.
Hanc igitur rem (die Reform Ludwigs d. Fr. v. 822) cum miris tunc laudibus

Bild seiner Taten sich verdunkelt hatte, fortfuhr, ihn als den grossen Restitutor zu feiern, obwohl ihr das Verständnis für seine Lage abhanden gekommen war, und sie, wenn sie um den wahren Sachverhalt gewusst hätte, ihre Flüche vielleicht nicht weniger freigebig über sein Haupt ausgeschüttet hätte, als über das seines Vaters.

Am Schlusse unserer Untersuchung angelangt, fassen wir die Resultate derselben in kurzem Überblick nochmals zusammen, indem wir zugleich den gewonnenen Standpunkt gegen die bisherige Forschung abgrenzen. —

Die Roth'sche Auffassung, welche die Verwendung des Kirchenguts zu staatlichen Zwecken auf einen legislativen Akt der Söhne Karl Martells zurückführt, erkannten wir als unhaltbar. Weder ist die Hauptmasse des Kirchengutes erst durch Karlmann und Pippin in Laienhände geraten, noch ist zwischen den unter Karl an die Vasallen des Herschers gegebenen Prekarien und den Vergabungen nach seinem Tode ein Unterschied zu machen; die Austeilung von Kirchengut als Beneficien beginnt nicht erst mit der Synode von Lestinnes.

Der älteren, auch von Waitz und denen, die ihm folgen, vertretenen Ansicht schliessen wir uns also insofern an, als wir nicht eine einmalige, allgemeine, sondern eine von Fall zu Fall vorgehende Einziehung annehmen, einen beträchtlichen Teil derselben unter Karl Martell verlegen und die Restitution unter dessen Söhnen beginnen lassen. Dagegen bekämpfen wir die Annahme, als ob die Einziehung mit Karls Tode ihr Ende erreicht habe, die unbedingte Gleichsetzung der Massregeln Pippins mit denen seines Bruders und im Allgemeinen die Überschätzung der von beiden in dieser Angelegenheit getroffenen Bestimmungen. Ausserdem glaube ich über die näheren Umstände der Einziehung wie der

adhuc inchoatam magistri nostri efferrent, et praecipue venerandus senex Adalardus, qui etiam dicebat se numquam sublimius vel gloriosius causam profectui publici moveri et cogitari vidisse a tempore regis Pippini usque ad diem illum.

Restitution neues Licht gewonnen zu haben durch schärfere Ausbeutung eines bisher nicht genug gewürdigten Gesichtspunktes, des Zusammenhanges der Vakanzen in den Bistümern mit der Beneficienverteilung aus dem Vermögen derselben. Die ausgedehnte Vergabung von Bistümern an Laien unter Karl Martell hat nicht die Bedeutung einer Verweltlichung des geistlichen Standes, sondern die einer zeitweisen Säkularisation des Kirchengutes, zu der man vorschritt, wahrscheinlich weil das bisher geübte Verfahren, die Abteien zur Erteilung von precariae verbo regis anzuweisen, den selbständiger dastehenden Bistümern gegenüber nicht gut anwendbar war und weil es überhaupt dem immer massenhafteren Bedürfnis nicht mehr genügte. Wir erkennen eine weitgreifende Einziehung, aber es ist eine stark übertriebene Annahme von Waitz (V. G. III 17 N. 1), dass das Kirchengut unter Karl Martell zuletzt so gut wie vollständig in den Händen von Laien gewesen sei. — Nach Karls Tode haben seine beiden Söhne, indem sie der kirchlichen Reform ihren Arm liehen, in den von ihrem Vater vakant gelassenen Bistümern Bischöfe ordinieren lassen, aber nur Karlmann hat dieselben gleichzeitig in das Vermögen der Kirchen eingesetzt, von dem auch hier der grösste Teil, — nunmehr unter Anwendung der vorher für die Klöster üblichen Form der precariae verbo regis — im Besitz von Laien blieb. Die Mitwirkung der Geistlichkeit bei diesem Vorgang hat sich darauf beschränkt, dass sie die Unmöglichkeit einer sofortigen allgemeinen Restitution einsah; eine gesetzliche Anerkennung der Verfügung über das Kirchengut durch die Fürsten (Waitz III 40) ist nicht nachzuweisen. — In Pippins Reich wurden durch die Ernennung der neuen Bischöfe zunächst Verhältnisse geschaffen, wie sie auf die Dauer nicht haltbar waren: die Neueingesetzten blieben auf ein zum Unterhalt erforderliches Minimum beschränkt, die grossen und kleinen Inhaber des Kirchenguts wurden in ihrem unrechtmässigen, wenn auch vom Fürsten garantierten Besitz belassen. Diesem Zustande hat Pippin ungefähr gleichzeitig mit seiner Erhebung auf den fränkischen Königsthron ein Ende gemacht: einige — im weiteren Verlauf seiner Regierung wohl alle jene unkanonisch vergebenen Bistümer wurden ihren Bischöfen restituiert, und zwar zum Teil zur wirklichen Disposition, zum andern Teil wenigstens in Form der Anerkennung des kirchlichen Eigentumsrechtes durch Prekarienschreibung. Aber der so entstehende Ausfall an Beneficien ist durch Heranziehung der unter Karl verschont gebliebenen Bistümer gedeckt und auch in den von Pippin dem Reiche von Neuem angefügten Provinzen das Kirchengut den Zwecken des Staates dienstbar gemacht worden, indem freilich an die Stelle vormaliger Gewaltsamkeit hier wie dort ein geregeltes, allmälig fortschreitendes Verfahren trat.

Kaufmann endlich, der auf demselben Boden mit Roth zu stehen glaubt, obwohl er annimmt, dass unter Karl Martell in ausgedehnter Weise precariae verbo regis, d. h. Prekarien, die als königliche Beneficien galten, ausgegeben sind, ist zu antworten, dass mit einer solchen Annahme der Hauptgrund wegfällt, aus dem Roth Pippin und Karlmann ein Säkularisationsgesetz zuschrieb. Eben darauf kam es Roth an: vor 743 musste das Kirchengut überhaupt in möglichst geringem Masse vergeben sein, und jedenfalls alle Vergabungen lediglich als kirchliche Prekarien aufzufassen sein, alsdann hatte man i. J. 743 die Bewilligung der grossartigen Mittel zur Hinüberleitung in den Feudalstaat, alsdann war die Bildung des Begriffs: beneficium (der vor der Säkularisation existierte) frei von jedem Einfluss der kirchlichen Verleihungsformen, ein Werk des reinen staatsmännischen und juristischen Gedankens, wie die Einführung des Seniorates auch. Ist aber eine grosse Beneficienverleihung aus Kirchengut doch schon unter Karl vorgenommen worden, so fallen auch gerade jene wichtigen Consequenzen weg, verhältnismässig gleichgültig ist dann, ob Karl ein Recht dazu gehabt hat, oder nicht, oder ob irgendwann einmal für die Ungesetzlichkeit, die in der Verleihung begangen sein könnte, eine Indemnität erteilt, von einer Synode oder einer Reichsversammlung ein Recht des Herschers zur Verfügung über das Kirchengut constituiert worden ist. Ein solcher Beschluss ist aber auch niemals erfolgt: dafür, dass es in Pippins Reiche geschehen, haben wir überhaupt keine Anzeichen, und auch die austrasische Synode hat sich principieller Äusserungen enthalten.

Es bleibt noch übrig, aus diesen Ergebnissen diejenige Consequenz zu ziehen, die wir in unserer einleitenden Betrachtung des verfassungsgeschichtlichen Zusammenhanges bis auf diesen Punkt verschoben haben, unser Urteil über die Entstehung der Beneficien abzugeben.

Unsere Untersuchung hat uns gelehrt, dass nicht durch einen einzelnen Akt ein vorher, für Krongutsverleihungen, ausgebildeter Begriff des beneficium auf die in Händen königlicher Vasallen befindlichen Kirchengüter nachträgliche Anwendung erfahren hat. Wir haben also, umsomehr als wir im Übrigen nirgends eine unvermittelte Verfassungsänderung auf legislativem Wege bemerken, auch hier keinen Grund, die naheliegende Erklärung zurückzuweisen, dass auf die Bildung des neuen Instituts die bisherigen kirchlichen Verleihungen von Einfluss gewesen sein mögen. Denn eine Neuerung bleibt es trotz alledem, ein vorher nicht vorhandener fester Begriff (Roth Feud. Abschn. 3.), in einer Übergangsperiode allerdings in mehrfacher Weise vorbereitet, aber vollendet in einer Zeit rascher Konsolidation.

Das beneficium ist die regelmässige Gegenleistung für die Dienste des Vasallen. Unter diesem Gesichtspunkt können wir die Vorgeschichte des Instituts bis in die ältesten Zeiten des germanischen Comitats verfolgen. Der Fürst hatte seinen Genossen ausser seinem Schutze auch den Lebensunterhalt zu gewähren. Die Voraussetzung dafür, das Leben des Gefolges als persönliche Umgebung des Herrn auch im Frieden, scheint in der merovingischen Zeit im Wesentlichen fortgedauert zu haben, die Antrustionen lebten jedenfalls zum grössten Teil am Hofe. Wo das nicht der Fall war, da mag man sich u. A. auch mit Landverleihungen geholfen haben. Man hat Königsschenkungen in jener Zeit nachgewiesen, die von anderen Arten des Eigentums, ererbtem oder sonstwie erworbenem, unterschieden wurden, z. B. leichter der Confiskation ausgesetzt waren. Immerhin waren es Schenkungen[80]), und es liegt auf der Hand, dass eine solche Praxis

---

[80]) Laband (Rec. im Litt. Centralbl. 1863. p. 1093.) nennt sie einfach Beneficien, das sind sie doch nicht.

nie in umfassender Weise geübt werden konnte; der Fiskus wäre damit bald erschöpft gewesen. Auch scheint, — obgleich wir nicht viel Anhaltspunkte haben, um über den Umfang des Krongutes, das Pippin und Karl zur Disposition stand, zu urteilen, — einerseits der kolossale Reichtum der Kirchen in der letzten Merovingerzeit, andererseits die ohnmächtige Lage der Könige in den Händen beutegieriger Adelsparteien die Annahme zu rechtfertigen, dass die Karolinger von ihren Vorgängern eine allzu reiche Erbschaft an fiskalischen Ländereien auch gar nicht zu übernehmen hatten (cf. Waitz V. G. II 2. Aufl. p. 630 f.). Sparsamkeit war hier geboten, und auch das arnulfingische Hausgut durfte nicht verschleudert werden.

Und doch musste man in ganz umfassender Weise Land verleihen, um ein so gewaltiges, über das ganze Land verbreitetes Gefolge, wie die karolingische Vasallität zu unterhalten. — Es scheint, dass schon in verhältnismässig früher Zeit Könige und maiores domus zuweilen durch Machtwort verdienstvollen Männern oder Günstlingen kirchliche Prekarien verschafft haben[81]). Dieser Gebrauch wurde nun bei Bildung jener Vasallität sehr ausgedehnt. Es musste ganz von dem Machthaber abhängen, wie lange diese Prekarien dem Beliehenen gelassen werden sollten, sie galten also für so lange, als dieser dem Herrn die Treue bewahren werde, gegeben und erloschen selbstverständlich mit dem Tode des Letzteren. Wurden diese Bedingungen dann auch auf die Verleihungen aus dem Eigengut des Herrn, die bisherigen Schenkungen, übertragen, so war der Begriff des späteren beneficium ausgebildet. Der Name, bisher ein allgemeiner Ausdruck, der auch die kirchlichen Prekarien umfasst hatte, wurde nun technisch für den neuen Begriff; die neuen Verleihungen aus Krongut wurden Beneficien genannt, weil sie zu demselben Rechte, wie die bisherigen „beneficia," d. h. precariae verbo regis, gegeben waren.

So zeigt sich schon in diesem Namen, dass Kirchengut den grössten Teil der Güter, mit denen die Karolinger ihre Vasallen an sich ketteten, ausmachte. Es liess sich nicht erwarten, dass

---

[81]) cf. Waitz II (3te Aufl.) p. 323. N. 1 cf. Roth B. W. p. 315 ff.

das Krongut sich in kurzer Frist so vermehren werde, dass es das Kirchengut ersetzen könne; eine totale Restitution hätte also ungefähr so viel geheissen, als Aufgeben der Vasallität. Man sieht, die Frage kann ernstlich und mit dem Gedanken an rasche Durchführung von Pippin und Karlmann gar nicht in Betracht gezogen worden sein, kann nicht den Gegenstand fortwährender Unterhandlungen zwischen Bonifaz und Pippin gebildet haben. Wenn die Ann. Bert. sagen, Pippin habe i. J. 750 dem hl. Bonifaz versprochen, in Zukunft Alles zurückzugeben, so geht das, nach dem, was wir oben über den Charakter dieser ganzen Notiz sagten, im günstigsten Falle auf eine Verheissung, wie die im Cap. Vernens., 755, gegebene zurück, d. h. eine ganz allgemein gehaltene, künftig, wenn ruhigere Zeiten eingetreten seien, die kanonischen Vorschriften mehr, als es bisher geschehen könne, zu erfüllen[82]).

Es war ja vielleicht denkbar, dass man, wenn im Innern eine machtvolle Staatsgewalt aufgerichtet und befestigt war, wenn das Reich auf keiner Seite mehr mächtige und unruhige Nachbarn zu fürchten hatte, nicht mehr alljährlich bedeutende Heereszüge in ferne Gegenden geführt zu werden brauchten, auf die Vasallität werde verzichten, die Sicherheit des Reiches wieder dem Heerbann des fränkischen Volkes werde anvertrauen können. Aber wie sich Pippin die Gestaltung solcher für ihn immerhin in weiter Ferne liegenden Zeiten gedacht haben mag, ist müssig zu überlegen: die Ruhe ist nie gekommen, je länger je mehr ist die Vasallität unentbehrlich geworden, und auch das Kirchengut ist trotz mancher bedeutenden Restitution der späteren Herscher nie wieder ganz in die Hände der alten Eigentümerin zurückgekehrt.

---

[82]) Cap. p. 33. . . Et si tempora serena spatiaque tranquilla divinitus fuerint ei conlata, cupit ad plenum secundum sanctorum canones, plenius opitulante divina gratia, melius, perfectius integreque inantea conservare. Et cum ita factum fuerit, cessent haec, quae necessitate cogente ex sacris canonibus remissius sunt excerpta, maneant praefata iura canonica firmissima integra atque intemerata.

Excurs I.

Zur Geschichte einiger Dynastengeschlechter zur Zeit Pippins d. Ä. und Karl Martells.

Eine charakteristische Erscheinung ist das mehrfache gleichzeitige Auftreten gleichnamiger Bischöfe in nahe bei einander gelegenen Sitzen um die Wende des 7. Jahrhunderts. Coutances und Nantes (auch Chartres) haben einen Agatheus[1]), Orléans und Auxerre einen Soavaricus[2]), Poitiers und Tours (auch Nevers) einen Ebarcius[3]), Le Mans und Angers einen Aiglibertus[4]), Soissons und Langres einen Godinus[5]), Besançon und Metz einen Abbo, Besançon, Metz und Chalons s. M. einen Felix[6]), Langres und

---

[1]) Gall. Chr. XI, 866; XIV, 801; VIII, 1101.
[2]) V. Eucherii Mab. Act. IIIa, 597; Gest. epp. Autiss., Ss. XIII, 394.
[3]) Gall. Chr. II, 1155; XIV, 31; XII, 628.
[4]) Acta epp. Cenom. Mabill. Analect. III; Gall. Chr. XIV, 551.
[5]) Gall. Chr. IX, 338; Katal. Ss. XIII, 380.
[6]) Gall. Chr. XV, 18; Katal. Ss. XIII, 305; Gall. Chr. IX, 863. — Hier ist allerdings zu bemerken, dass die beiden Abbo und Felix in Metz und Besançon nicht die gleiche Reihenfolge haben; indess ist die Ueberlieferung an letzterem Orte so dunkel, dass leicht ein Irrtum vorliegen kann. Ich will die entsprechenden Stücke beider Verzeichnisse anführen:
Metz. [Pauli Gest. epp. Mett. Ss. II, 267; Gest. epp. Mett. (12. Jh.) Ss. X, 539; Kataloge Ss. XIII, 305; Ss. II, 269].
  Arnulf 610—25.
  Goericus-Abbo 18 J. (625—43).
  Godo 10 J. (643—53).
  Chlodulf ca. 40 J. (653— spätestens 688/9).
  Abbo 10 J. (spätestens 21. 2. 689 — 15. 4. 699). (21. 2. 689 war ein Sonntag.) E. Bisch. Abbo wird als Beisitzer im Königsgericht erwähnt in Chlodv. III Urk. v. 693/4 Tardif No. 33.
  Aptadius 7 J. (spätestens 11. 699—21. 1. 707).
  Felix 9 M. (spätestens 3. 707—22. 12. 707).
  Sigibald 25 J. (spätestens 708—26. 10. 732).
  Die Angabe von Chlodulfs Amtsdauer auf 40, und der des Aptadius auf 13 J. (statt 7, wie die älteren Quellen haben) sind wahrscheinlich nur

Tull einen Girbald[7]). Sieht man diese beträchtliche Reihe von Beispielen an, so werden die Zweifel, mit denen man bisher der Überlieferung von der Vereinigung der Bistümer Trier, Reims und Laon in der Hand Leodewins[8]), von dem Wormser Bistum Gerold's

aus den Zahlen der anderen Bischöfe und den festen Endpunkten 625 (resign. Arnulf) und 742 (Antritt Chrodegangs) berechnet, ohne Rücksicht auf die Möglichkeit einer längeren Vakanz. Eine solche trat aber ein nach Sigibalds Tode: Dieser Bischof, der 20. Dec. 708 schon im Amte war (Tausch mit Graf Wolfand, Stifter von S. Mihiel. Baluze Misc. IV, 409; Pardessus II 278, No. 471), und dasselbe 25 Jahre lang bekleidete, kann spätestens 732 gestorben sein. Dies übersieht auch Bonnell, Anf. d. karol. Hauses p. 188, der übrigens, wie mir scheint, was die Zeitbestimmung Arnulfs betrifft, sich viel zu fest auf die Genauigkeit des Metzer Geschichtsschreibers verlässt.

Besançon.

Claudius: nach den urkundlichen Zahlen, die der Abtskatalog des später nach ihm benannten Klosters im Jura giebt, lässt sich das Datum seines Todes auf 698 fixieren (Ss. XIII, 744). Seine Vita, Mabill. Act. Ss. II, 1067, die zwar jüngeren Ursprungs ist, aber offenbar gute Nachrichten benutzt hat, giebt an, er sei Abt jenes Klosters erst nach Niederlegung des bischöflichen Amtes geworden, eine damals häufige Erscheinung. Der Ansetznng seiner Resignation auf 689 steht nichts im Wege.

Felix.

Tetradius.

Abbo.

Felix und Tetradius sind nur in einem Exemplar des Katalogs enthalten. Ich vermute, dass sie an falscher Stelle und in falscher Reihenfolge eingeschoben sind, so dass es heissen müsste:

Abbo (ca. 689—699).

Tetradius (699—707). Dieser Name, der schon einmal (im 6. Jh.) im Katalog erscheint, dürfte dann an unserer Stelle als eine Verstümmelung von Aptadius anzusehen sein.

Felix (707).

. Zu beachten ist, dass der Verf. der Gest. epp. Mett. im 12. Jh., der sonst gewissenhaft die Grabstätten der Bischöfe angiebt, die von Abbo, Aptadius und Felix nicht kennt; sie waren also auch wohl nicht in Metz begraben.

[7]) Katal. Ss. XIII, 380. Gest. epp. Tull. Ss. VIII, 636.

[8]) Gest. Trev. (Ss. VIII, 161.). Die Angabe tritt dort zwar in Verbindung mit einer sehr abenteuerlichen, und dazu nicht einmal originellen Wundergeschichte auf (cf. Rettberg II, 470), aber den Anlass zur Übertragung derselben scheint doch eine selbständige Überlieferung von der Bekleidung mehrerer Bistümer durch L. gegeben zu haben; auch sonst ist die Tendenz wahrzunehmen, aus diesem Bischof eine Art von Gegen-

und Gewilieb's von Mainz[9]) begegnete, sich verringern, und man wird nicht mehr die Einführung eines unerhörten Neuen[10]), sondern nur die Fortsetzung eines seit längerer Zeit eingebürgerten Zustandes darin finden, wenn Karl Martell seine Anhänger Milo und Hugo mit mehreren Bistümern ausstattete.

Schlüsse über die Bedeutung des Verhältnisses ermöglicht uns die Heranziehung anderer Nachrichten über einige der angeführten Fälle. In Besançon[11]) erhielt sich bis tief ins spätere

stück zum hl. Arnulf von Metz zu machen, mit dem er das Gemeinsame hat, dass auch er der Stammvater eines grossen Geschlechts, der Widonen, ist (cf. Waitz u. Wüstenfeld, Forsch. III.). Aber in dem Heiligenbilde stossen uns einige sehr weltliche Züge auf: der Bischof hat mehrere Söhne, ist vorher Herzog des belgischen Galliens gewesen, und occupiert drei Bischofssitze. Sollte nicht die herzogliche Gewalt erst eine Folge seiner Macht als Inhaber derselben sein, wie bei Ainmar von Auxerre? (Gest. Autiss., Ss. XIII, 394). Trier erbte er von seinem Oheim Basinus; noch 704 erscheint er neben demselben als Presbyter (Urk. f. Echternach, Ss. XXIII, 52), und die Erzählung, dass er den Laienstand aus grosser Frömmigkeit mit dem des Mönches vertauscht habe, und erst aus dem Kloster zum Bischof erhoben sei, ist nichts, als legendarische Ausschmückung der Gründung von Mettlach durch ihn. In Reims wäre für ihn zwischen Rigobert und Milo noch sehr gut Platz, da ersterer 717 verbannt wurde und letzterer erst 722 als Bischof bezeugt ist (Gest. Font. c. 7. Ss. II, 279, cf. Mühlbacher Reg. No. 35.). Dass Leodewin daselbst über Milo ganz in Vergessenheit geriet, ist sehr erklärlich: erst mit Milo hatte Bonifaz zu tun gehabt, damals zuerst war Wesens von der Sache gemacht worden. — Gall. Chr. XIII, 387 ist die Nachricht der Gest. Trev. als Fabel keineswegs erwiesen (Roth. Ben. IV., 334. N.) sondern nur hingestellt; das daselbst für seinen Tod angenommene Datum ist erweislich falsch: sein Sohn und Nachf. Milo heisst in der Urk. Hugo's vom 25. Apr. 715, die er mit seinem Bruder Wido unterzeichnet, noch nicht Bischof (Mühlb. Reg. No. 27.). — Für Leodewins Verbindung mit Reims spricht die ohne Zusammenhang mit jener Wundergeschichte gemachte Angabe, dass er in Reims gestorben und sein Leichnam von Milo nach Mettlach übergeführt sei (Gest. Trev. l. c.).

[9]) cf. Eysengrein Chronol. rerum urbis Spirae libr. VIII p. 142. ad an. 718). Rettberg will das Erscheinen der beiden Namen im Wormser Katalog aus dem Bestreben herleiten, einen Anhalt für die Tradition einer ehemaligen Metropolitanwürde von Worms zu gewinnen; aber ich sehe nicht, was dafür mit dieser Einschiebung gewonnen sein soll. — Ist Gerold vielleicht Niemand Anders, als Girbald von Tull? Die Namen wenigstens sind doch sehr ähnlich (Gervold — Gerbald).

[10]) Breysig p. 27. „es war gegen alle Ordnung und bisherigen Brauch, zwei Bistümer einem Bischof zu geben".

[11]) cf. Gall. Chr. XV, 18. Der anonyme Autor, den Chifflet in seiner

Mittelalter eine dunkle Sage von tyrannischen Bischöfen und Machthabern zu Anfang des 8. Jahrhunderts[12]). Von anderen unter den
oben Aufgeführten wissen wir sonst, dass sie grossen und gewal-
tigen Geschlechtern angehörten, so von Girbald aus den Gest.
epp. Tull., die ihn als Sohn des Herzogs Wulfoald, des Gründers
von S. Mihiel de Masoupe, bezeichnen — und in der Tat finden
wir ihn als Zeugen unter der Dotationsurkunde dieses Klosters —[13]);
so von Soavaricus von Orléans, dessen Familie nach den Karl
Martell in der V. Eucherii in den Mund gelegten Worten eine
gens ferocissima atque belligera ac locupletata vehementer war.
Insbesondere bei diesem letzteren geht man sicher nicht fehl,
wenn man ihn für eine und dieselbe Person mit dem gleichnamigen
Bischof von Auxerre erklärt, von dem die dortige Bistumsgeschichte erzählt, dass er ausser Orléans auch die Gaue von
Nevers, Tonnerre, Avallon und Troyes sich unterworfen habe und
auf einer Unternehmung gegen Lyon umgekommen sei[14]). Über

„Vesontio" (1618. II p. 166. ff.) benutzt, muss einer sehr späten Zeit ange-
hören, seine Angaben sind vollkommen fabelhaft.

[12]) Erwähnt werden mag auch das gewaltsame Ende des Godinus
v. Soissons, den die von ihm bedrückten Bürger seiner Stadt in einen
offenen Brunnen gestürzt haben sollen. Gall. Chr. IX, 338.

[13]) Das Geschlecht des Wulfoald, wahrscheinlich die Nachkommen des
gleichnamigen austras. maiordomus im 7. Jahrh., wurde unter Pippin gestürzt,
wenigstens sagt dieser in einer Urkunde, ein (natürlich jüngerer) Wulfoald
habe ihm das Kastell S. Mihiel als Lösegeld für sein durch Rebellion ver-
wirktes Leben abgetreten. cf. Oelsner p. 237, Mühlbacher No. 76. — Der
Dotationsbrief f. S. Mihiel Baluze Miscell. IV, 408.

[14]) Gest. epp. Autiss. Ss. XIII, 394. Doch ging er wohl von Orléans, und
nicht von Auxerre, aus, wenigstens werden ihm hier nur fünf Jahre zugeschrieben, wir begegnen ihm aber schon im Jahre 693 (Pardessus II No. 431.
p. 220.), während man für seinen Tod aus den Zahlen seiner Nachfolger
in Orléans und Auxerre, die beide i. J. 732 nach 15jähr. Amtszeit vertrieben
wurden, das Jahr 717 gewinnt. — Breysig giebt 715 an (p. 16.) weil er
sich an die Zeitbestimmung der Gest. Aut. hält: Eo tempore Franci — in
silva Cotia — maxima sese cede mactaverunt. Damit soll aber nicht gesagt sein, dass nun die Eroberungen des Soavaricus in den benachbarten
Gauen oder sein Zug gegen Lyon oder gar alles Beides genau in das
Jahr 715 fallen müsste, sondern es soll mit dem Datum nur für den Leser
eine Erklärung für die eben erzählten, beinahe unglaublichen Dinge gegeben werden. Wie ungenau diese Datierungen sind, zeigt nachher die
Verwechselung der Schlacht am Flüsschen Berre mit der bei Poitiers.

Agatheus von Nantes endlich haben wir das Zeugnis der gleichzeitigen V. Hermenlandi[15]), nach welcher er, ursprünglich Graf
in Rennes und Nantes, auch das Bistum in beiden Städten an
sich riss und durch sein ärgerliches Leben dem Heiligen zu ernst-
haften Ermahnungen, die durch ein Wunder bekräftigt wurden,
Anlass gab.

Wir haben es also hier überall nicht etwa, wie bei Karls
Neffen Hugo, mit der Belohnung besonders zuverlässiger königlicher Getreuer zu tun: für eine königliche Verfügung über die
Bistümer, wie die Merovinger sie in ihren kräftigeren Tagen aus-
geübt hatten, ist hier kein Platz, die Bistümer bilden einen Hauptbestandteil in der Macht einzelner grosser Geschlechter, aus
Gruppen von ihnen, die sich in den Händen mehrerer Glieder
oder eines mächtigen Hauptes befinden, werden nahezu selbständige Fürstentümer geschaffen, die vom Vater auf den Sohn,
vom Oheim auf den Neffen vererbt werden[16]); mit Waffengewalt

---

[15]) c. 13. Mabillon Act. Ss. III a, p. 395. cf. Loening Gesch. d. d.
Kirchenr. II p. 264 f.

[16]) Rigobert von Reims Neffe seines Vorg. Reolus. Der letztere war,
ehe er Bischof wurde, Graf und heiratete die Nichte des Bischofs
Nivardus, seines Vorgängers. V. Niv. c. 19. Flod. II, 7. Ss. 13, 456.
Eucherius v. Orléans Neffe seines Vorg. Soavaricus.
Ebbo v. Sens Neffe seines Vorgängers Goericus, vorher Graf von Tonnerre,
schlägt als Bischof die Sarazenen von seiner Stadt ab. (V. Ebbonis
c. 7. Mabillon Act. Ss. III a, p. 651.).
Leodewin von Trier Neffe seines Vorg. Basinus.
Milo v. Trier Sohn s. Vorg. Leodewin.
Agricola von Avignon Sohn s. Vorg. Magnus cf. Gams. Series episc. p. 503.
Flodebert v. Lüttich Sohn s. Vorg. Hucbert. V. Hucberti c. 13. (Arndt
Kl. Denkm. der Merov. Z.).
Breysig (p. 22. N. 3 p. 27. N. 1.) legt zuviel Gewicht auf die Angabe
der Gest. Trev., dass Milo beide Bistümer, Trier wie Reims nach Karls
Siege von diesem als Lohn für Heeresfolge erhalten habe. Die Stelle (p. 161.)
ist aus Flodoard III, 12 (Ss. XIII, 460. Z. 31.) abgeschrieben, und, was dort
von Reims erzählt war, auf Trier übertragen. Das Richtige steht gleich
daneben: post quem Milo filius eius sacerdotali functus est officio apud
Trebiros et Remos, primo quidem imitator patris, deinde tirannus effectus
est. Wir erkannten es als durchaus nicht unwahrscheinlich, dass Milo auch
in Reims nur der Erbe seines Vaters gewesen; mag sich dies verhalten,
wie es will, jedenfalls ist es in Trier so gewesen. Das Geschlecht ist
nicht erst durch den Anschluss an Karl aufgekommen, es hat sich dadurch

werden sie zusammengebracht, und jede königliche Mitwirkung
bei der Erhebung kann nur formeller Natur gewesen sein.
Von der Niederwerfung eines dieser Geschlechter durch Karl
haben wir nähere Nachrichten; es sind die Nachkommen des
Soavaricus, jenes kriegsgewaltigen Bischofs von Orléans-Auxerre.
Die beiden Bistümer waren nach seinem Tode zwar getrennt, aber
beide noch in Händen der Familie; für Orléans ist es sicher bezeugt: Eucherius, der Neffe des Soavaricus ist hier sein Nachfolger; für Auxerre ist es wenigstens sehr wahrscheinlich[17]. Von
dem dortigen Bischof, Ainmar, wird erzählt, er sei so mächtig
gewesen, dass er die Herzogsgewalt über ganz Burgund erlangt
habe; Alles, was wir von ihm hören, erweckt überhaupt mehr
die Vorstellung eines Kriegsmannes und Gewalthabers nach der
Art seines Vorgängers, als die eines Heiligen, wozu ihn die Bistumsgeschichte gern stempeln möchte: in den kriegerischen Ereignissen der Zeit spielt er eine erste Rolle, in seinem geistlichen
Amte hat er sich schon bei seinen Lebzeiten einen Nachfolger
ordinieren lassen, der wahrscheinlich für ihn die Amtsgeschäfte
besorgte. — Von den Angaben der Gesta Autiss., einer verhält-

nur erhalten. Die Historie von der Vernichtung einer Wahl des Bisch.
Chlodulf v. Metz in Trier durch Milo ist erst in jüngerer Zeit, in der Absicht, eine Mitschuld der Trierer Wählerschaft an Milo's Erhebung abzu-
weisen, erfunden worden. (Hdsch. B., C. der Gest. Trev.)

[17] Abgesehen von der gleichzeitigen Absetzung der Bischöfe ist in
Betracht zu ziehen, dass die Macht eines Mannes, wie Soavaricus doch nicht
im Interesse dieses oder jenes Bistums, sondern für sein Geschlecht er-
worben wurde; dass sein Nachfolger diesem angehört habe, ist von vornherein anzunehmen, wenn wir hören, dass derselbe der Erbe jener Macht,
noch dazu als Bisch. v. Auxerre Erbe einer von Orléans aus erworbenen
Macht geworden (cf. oben p. 91. N. 14.). Karls Macht jedenfalls reichte zur
Zeit der Schlacht von Vincy kaum aus, um ein solches Geschlecht aus
seinem Besitz zu verdrängen. — Anderer Meinung ist Breysig (p. 15); er
meint, Soav. habe seine Macht für das Bistum Auxerre zusammengebracht,
und Ainmar „sei in Unterordnung unter die von Karl Martell wiederher-
gestellte Staatsgewalt verblieben." B. schliesst das aus der Erzählung der
Gesta, dass A. auf Befehl Karls Eudo angegriffen habe. Doch ist das offenbar spätere Erfindung, bestimmt, die gegen A. erhobene Beschuldigung als
ungerechtfertigt zu erweisen: wenn er selbst die Niederwerfung des Eudo
vollbracht, so konnte er doch nicht gut unter einer Decke mit ihm gespielt
haben.

nismässig späten Aufzeichnung mündlicher Tradition, die von Widersprüchen wimmelt und mit der grössten Vorsicht zu benutzen ist, werden wir festzuhalten haben, dass den Anlass zu Ainmars Sturz ein Einverständnis mit dem aufständischen Aquitanierfürsten gegeben hat: für ein derartiges Verhältnis ist in unserer Überlieferung nur Platz im Jahre 731[18]). Andererseits tritt auch die Nachricht, dass Ainmar in einer Sarazenenschlacht mitgefochten habe, mit grosser Sicherheit auf; das kann aber nun keinesfalls die am Flüsschen Berre vom Jahre 737, sondern nur die von Poitiers (732) gewesen sein. Wir würden also anzunehmen haben, dass Karl nicht eher im Stande gewesen sei, die Hochverräter von 731 zu bestrafen, als bis die Sarazenennot des folgenden Jahres Eudo ganz in seine Hand gegeben, und darauf der Sieg von Poitiers ihn vollends aller Rücksichten entbunden hatte[19]). — Eine Ergänzung zu diesem Berichte erhalten wir durch die Vita Eucherii, deren Held ebenfalls im Jahre 732[20]) nach Karls Rückkehr vom Sarazenenzuge, in die Verbannung geschickt und der Güter be-

---

[18]) Breysig p. 64 f.

[19]) Falsche Auffassung bei Breysig p. 17. N. 1.

[20]) Der Bericht der Vita (c. 8—9. Mabillon Acta III, a. p. 598 f.) liesse uns die Wahl zwischen 732 und 737, für letztere Zahl spräche die Erwähnung Karls bei der Erhebung des Eucherius, da Karl erst 719 von Neustrien Besitz ergriff (Breysig p. 31.) und Euch. im 16 ten Amtsjahre verbannt wurde. Aber schon Mabillon macht darauf aufmerksam, dass hier sehr leicht dem Verfasser ein Versehen zugestossen sein kann, sodass man einfach Chilperich oder Ragenfrid an die Stelle Karls zu setzen hätte. 732 zu wählen bestimmt mich nicht Mabillons Betrachtung, dass ein so frommer König, wie Pippin, unmöglich den Heiligen in der Verbannung gelassen hätte, sondern nur die Übereinstimmung der Zahl seiner Amtsjahre mit der Ainmars, die uns nötigt, wenn wir für beide denselben Vorgänger, also dasselbe Antrittsdatum annehmen, auch ihre Vertreibung gleichzeitig zu setzen. Breysig (p. 70), der ebenfalls 732 annimmt, hält an der Überlieferung fest, dass Karl selbst den Euch. eingesetzt habe und meint, dies sei nach der Schlacht bei Vincy geschehen, als Karl bis Paris vorgedrungen sei. Allein erstlich ist damit noch nicht gesagt, dass seine Macht auch bis Orléans gereicht habe, und dann würden wir in diesem Falle statt des einen Namens die ganze Erzählung der Vita Euch. über Bord werfen müssen, die durchaus keinen tumultuarischen Vorgang, sondern ganz geordnete Verhältnisse voraussetzt; und dazu ist denn doch kein Grund vorhanden.

raubt wird, mit ihm sein ganzes Geschlecht. Eucherius wird nach Cöln, Ainmar nach der Villa Bastogne in den Ardennen (zwischen Lüttich und Luxemburg) abgeführt; letzterer entkommt, durch einen seiner Verwandten befreit, der Haft, wird aber eingeholt und von den Verfolgern niedergemacht; wahrscheinlich hängt mit diesem Befreiungsversuch die Überführung des Eucherius in die strengere Haft des Herzogs Rotbert vom Haspengau zusammen. — Über die wahre Bedeutung dieser Vorgänge sagen natürlich beide Quellen nichts, Neid und Missgunst der Höflinge müssen die Motive abgeben. Aber hie und da schimmert doch durch, was hinter der Verfolgung der zwei frommen Geistlichen steckt: Karl äussert seinen Ratgebern gegenüber, man könne nicht wagen, „sine ambiguitate" gegen ein so übermächtiges Geschlecht vorzugehen, und an eine Befreiung des Eucherius soll er die schlimmsten Befürchtungen geknüpft haben. — Wenn wir von diesen Kämpfen nur durch ein paar Bistumsgeschichten und Bischofsbiographieen dürftig unterrichtet sind, so müssen wir darum nicht urteilen, dass Karls Tätigkeit in erster Linie gegen einen eigenwilligen Episkopat gerichtet gewesen sei (cf. Roth B. W. p. 350): hätten wir Lebensbeschreibungen von den weltlichen Verwandten jener Männer oder Geschichten einzelner Landesteile, so würde daneben das, was wir jetzt wissen, verschwinden.

Excurs II.

Die beiden ersten fränkischen Reformsynoden in ihrem Verhältnis zu einander.

A. Karlmanni principis Capitulare 743. April. 21.
Boretius p. 24.

In nomine domini nostri Jesu Christi.

Ego Karlmannus, dux et princeps Francorum

ao. ab incarnatione Christi septingentesimo quadragesimo *secundo*, XI Kalendas Maias,

cum consilio servorum Dei et optimatum meorum episcopos, qui in regno meo sunt cum presbiteris *et* concilium et synodum pro timore Christi congregavi, id est Bonifatium archiepiscopum et Burghardum et Regenfridum et Wintanum et. Wilbaldum et *Dadanum* et Eddanum cum presbiteris eorum, ut mihi consilium dedissent,

quomodo lex Dei et aecclesiastica *relegio* recuperetur, quae in diebus praeteritorum principum dissipata corruit

et qualiter populus christianus ad salutem animae pervenire possit, et per falsos sacerdotes deceptus non pereat.

B. Pippini principis Capitulare Suessionense 744. Mart. 2.
Boretius p. 29.

In Dei nomine trinitatis.

b) ego Pippinus, dux et princeps Francorum.

a) Anno septingentesimo quadragesimo quarto ab incarnatione Christi, sub die VI Nonas Martii *et luna XIIII, in anno secundo Childerici regis Francorum,*

c) Dum plures non habetur incognitum qualiter nos in Dei nomine una cum consensu episcoporum sive sacerdotum vel servorum Dei consilio seu comitibus et obtimatibus Francorum conloqui apud Suessionis civitatis synodum vel concilio facere decrevimus: quod ita in Dei nomine et fecimus.

I. c. 1. In primitus constituimus fide catholica, quam constituerunt CCCXVIII episcopi in Nicaeno concilio, ut denunciaretur per universa regione nostra, et iudicias canonicas aliorum sanctorum, quae constituerunt in synodis suis;

quomodo lex Dei et ecclesiastica regula recuperetur, quae in diebus priorum principum dissipata corruit.

c. 2 b. ut qualiter populus christianus ad salutem animarum pervenire possit,

c. 2 d. ut amplius populus per

1. *c. 1.* Et per consilium sacerdotum et optimatum meorum ordinavimus per civitates episcopos

et constituimus super eos archiepiscopum Bonifatium, qui est missus sancti Petri.

2. Statuimus per annos singulos synodum congregare

ut nobis praesentibus canonum decreta et aecclesiae iura restaurentur et relegio christiana emendetur.

3. *Et fraudatas pecunias ecclesiarum ecclesiis restituimus et reddidimus.*

4. *Falsos presbiteros et adulteros vel fornicatores diaconos et clericos de pecuniis ecclesiarum abstulimus et degradavimus et ad poenitentiam coegimus.*

5. *c. 2. Servis Dei per omnia omnibus armaturam portare vel pugnare aut in exercitum et in hostem pergere omnino prohibuimus, nisi illi tantummodo qui propter divinum ministerium scilicet sollemnia adinplenda et sanc-*

falsus sacerdotes deceptus non pereat.

III. *c. 3 a.* Idcirco constituimus per consilio sacerdotum et optimatum meorum et ordinavimus per civitates legitimos episcopos; idcirco constituemus super eos archiepiscopus Abel et Ardobertum, *ut ad ipsos vel iudicia eorum de omne necessitate recurrant tam episcopi quam alius populus.*

II. *c. 2 a.* Propterea nos una cum consensu episcoporum sive sacerdotum seu servorum Dei et optimatum meorum consilio decrevimus, ut annis singulis synodo renovare debeamus, *c. 2 b.* cf. ob.

c. 2 c. et ut haeresis amplius in populo non resurgat, sicut invenimus in Adlaberto haeresim, quem publiciter una voce condempnaverunt XXIII episcopi: et alii multi sacerdotis cum consensu principis et populi ita condemnaverunt ipsum Adlabertum, *c. 2 d.* cf. ob.

V. *c. 3 c. Et de rebus ecclesiasticis subtraditis monachi vel ancillas Dei consolentur, usque ad illorum necessitati satisfaciant; et quod superaverit, census levetur.*

VI. *c. 3 d. Et abbati legitimi ostem non faciant, nisi tantum hominis eorum transmittant.*

torum patrocinia portanda ad hoc electi
sunt. Id est unum vel duos episcopos
cum capellanis presbiteris princeps secum habeat, et unusquisque praefectus
unum presbiterum, qui hominibus peccata
confitentibus (iudicare et) indicare poenitentiam possint.

6. Nec non et *illas* venationes
et *silvaticas vagationes* cum canibus
omnibus servis Dei interdiximus; similiter ut acceptores vel walkones
non habeant.

7. *c. 3.* Decrevimus quoque secundum canones, ut uuusquisqne
presbiter in parrochia habitans episcopo subiectus sit illi in cuius parrochia habitet, et semper in quadragesima rationem et ordinem ministerii sui, *sive de baptismo, sive de
fide catholica sive de precibus et ordine
missarum,* episcopo reddat *et ostendat.*
Et quandocumque iure canonico episcopus circumeat parochiam populos
ad confirmandos, presbiter semper
paratus sit ad suscipiendum episcopum *cum collectione et adiutorio populi qui ibi confirmari debet.* Et in
cena Domini semper novum crisma
ab episcopo quaerat, *ut episcopum
testis adsistat castitatis et vitae et fidei
et doctrinae illius.*

8. *c. 4.* Statuimus ut secundum
canonicam cautelam omnes supervenientes episcopos vel presbiteros ante
probationem *synodalem* in ecclesiasticum ministerium non admitteremus.

IX. *c. 3g.* nec apud canis venationes non faciant nec acceptores
non portent.

X. *c. 4a.* Similiter decrevimus,
ut laici homines legitimi vivant et
diversis fornicationibus non faciant
et periurias in ecclesia non consentiant et falsi testimoniis non dicant
et ecclesiam Dei in omni necessitate conservent.

XI. Et unusquisque presbyter qui
in parrochia est, episcopo obediens
et subiectus sit, et semper in coena
Domini rationem et ordinem ministerii sui episcopo reddat

c. 4b. cf. unt.

c. 4c. et quando iure canonico
episcopus circumeat parochia ad
confirmandum populum *episcopi sive
abbati* sive presbyteri parata sint
ad suscipiendum episcopo *in adiutorium necessitatis*

c. 4b. et crisma et oleo petat.

XII. *c. 5.* Et statuemus, ut supervenientes episcopus vel presbyteri de
aliis regionibus non suscipiantur in
ministerio ecclesiae, nisi prius fuerint
probati *ab episcopo cuius parrochia est.*

9. *c. 5.* Decrevimus, ab secundum canones unusquisque episcopus in sua parrochia sollicitudinem adhibeat, adiuvante gravione, qui defensor ecclesiae est, ut populus Dei paganias non faciat, sed ut omnes spurcitias gentilitatis abiciat et respuat; sive sacrificia mortuorum sive sortilegos vel divinos sive filacteria et auguria sive incantationes sive hostias immolaticias, quas stulti homines iuxta ecclesias ritu pagano faciunt sub nomine sanctorum martyrum vel confessorum, Deum et suos sanctos ad iracundiam provocantes, sive illos sacrilegos ignes, quod niedfyr vocant, sive omnes, quaecumque sint, paganorum observationes diligenter prohibeant.

XIII. *c. 6a.* Et omnino decrevimus, ut unusquisque episcopus in sua parrochia sollicitudinem habeat, ut populus christianus paganus non fiant.

XIV. *c. 6b.* Et per omnes civitates legitimus forus et mensuras faciat secundum habundantia temporis.

XV. *c. 7.* Similiter constituemus, ut illae cruciculae quas Adlabertus per parrochia plantaverat omnes igne consumantur.

10. *c. 6. Statuimus similiter, ut post hanc synodum, quisquis servorum Dei vel ancillarum Christi in crimen fornicationis lapsus fuerit, quod in carcere poenitenciam faciat in pane et aqua. Et si ordinatus presbiter fuisset, duos annos in carcere permaneat, et antea flagellatus et scorticatus videatur, et post episcopus adaugeat. Si autem clericus vel monachus in hoc peccatum ceciderit, post tertiam verberationem in carcerem missus, vertentem annum ibi paenitenciam agat. Similiter et nonnae relatae eadem penitencia conteneantur, et radantur omnes capilli capitis eius.*

VII. *c. 3e. Et omnes clerici fornicationem non faciant.*

11. *c. 7.* Decrevimus quoque, ut presbiteri vel diaconi *non sagis,* lai-

VIII. *c. 3f.* et abitu laicorum non portent.

corum more, *sed casulis* utantur, *ritu servorum Dei.*

12. Et nullus in sua domu mulierem habitare permittat.

13. Et ut monachi et ancillae Dei monasteriales iuxta regulam sancti Benedicti *ordinare et vivere,* vitam propriam gubernare studeant.

XVI. *c. 8.* Similiter diximus, ut neque clericus mulierem habeat in domo sua, qui cum illo habitet, *nisi matrem aut sororem vel nepte sua.*

IV. *c. 3b.* Ut ordo monachorum ·vel ancillarum Dei secundum regula sancta stabiles permaneant.

XVII. *c. 9.* Similiter constituemus, ut nullus laicus homo Deo sacrata femina ad mulierem non habeat. etc.

I fehlt in A.
II = 2.
III = 1.
IV = 13.
V = 3.
in B fehlt 4.
VI = 5.
VII = 10.
VIII = 11.

IX = 6.
X fehlt in A.
XI = 7.
XII = 8.
XIII = 9.
XIV }
XV } fehlen in A.
XVI = 12.
XVII fehlt in A.

Die Akten des concilium Germanicum sind offenbar von Bonifaz selbst verfasst, der zornige Eifer des Reformators ist nicht zu verkennen[1]), auch wird im Frankenreiche damals kaum jemand anders verhältnismässig so fehlerfrei haben schreiben können[2]). Vergleicht man damit den Erlass der Synode von

---

[1]) Im Eingang: diebus praeteritorum principum dissipata corruit, c. 1: fraudatas res ecclesiarum, c. 2: illas venationes et silvaticas vagationes, c. 5, c. 6.

[2]) cf. das Capit. Suess. Von den Sprachfehlern, die immerhin auch in Bonifazens Schriftstück sich finden, kommen mehrere nicht auf seine Rechnung, sondern auf die des ungeschickten Abschreibers, dem allein wir die Erhaltung desselben zu danken haben; cf. Loofs, Zur Chronologie etc. p. 13f. Die Zahl der daselbst bemerkten Fehler des Textes (742 statt 743, Dadanum statt Davidum, relegio statt regula) lässt sich noch vermehren: in den Eingangsworten muss es statt „episcopos . . . *et* concilium et synodum" heissen „*ad* conc."; in c. 2. „qui hominibus . . . iudicare et indicare poenitentiam possint" ist „iudicare et" wohl Duplik von indicare; in c. 3. muss es statt „episcop*um* testis adsistat" heissen „episcop*us*"; die offenbar verderbte

Soissons, so fällt zunächst die sklavische Anlehnung des Conci-
pienten an den Wortlaut der Vorlage[3]) und seine grosse Unbe-
holfenheit, wo er von dieser abweicht, auf. Aber dass diese
formale Unselbständigkeit sich nicht auf die Sache selbst erstreckt,
zeigt eine ganze Reihe von Änderungen. Einzelne derselben
waren durch die Verschiedenheit der lokalen Verhältnisse geboten:
die Synode von Soissons verkündet die Absetzung Adlebert's und
befiehlt die Vernichtung der von ihm aufgerichteten Kreuze, und
sie lässt die ausführlichen Bestimmungen des conc. Germ. über
die heidnischen Gebräuche weg, die für ein seit so langer Zeit
christliches Land, wie Gallien nicht passten. — Ohne besondere
Bedeutung ist auch die in der Vorlage (jedenfalls in der uns auf-
bewahrten Gestalt derselben) nicht enthaltene Bestimmung der
Synode von Soissons über öffentliche Verkündigung des nicänischen
Glaubensbekenntnisses und anderer Canones, die Aufforderung an
die Bischöfe, die Märkte und Mass und Gewicht in ihren Städten
zu überwachen, die Ermahnung an die Laien zu sittlichem Verhalten, die Ehevorschriften, die Umstellung von Nr. 1 und 2 (veranlasst wohl durch den Wunsch, die Absetzung des Adlebert möglichst an den Anfang zu bringen), die Einschiebung von 10 und 11
zwischen 5 und 6, wohin sie dem Inhalt nach, besonders da 10
stark gekürzt war, in der Tat auch besser passten. — In den
übrigen Abweichungen spricht sich deutlich einerseits die Pietät
eines nationalen Episkopats gegen das heimische Kirchenwesen
aus, das Bestreben, die schonungslose Härte des Fremden in der
Verurteilung der Schäden auch im Ausdruck zu mildern und die
Scheu, den Bogen der Reform von vornherein zu straff anzu-
spannen. Keine Massenabsetzung schlechter Priester wird vorgenommen. Der Waffen- und Waidlust der Kleriker, ihrer Vorliebe

---

Stelle in c. 7. „ut monachi . . iuxta regulam . . ordinare et vivere, vitam
propriam gubernare studeant" vermag ich nicht zu emendieren (etwa or-
dinate vivere?, oder regulae ordinem vivendi?).
    [3]) cf. z. B. die wörtliche Herübernahme der beiden Sätze „quomodo
lex" und „qualiter populus" aus der Eingangsformel von A, die in dem
Zusammenhang, in den sie das Cap. Suess. stellt, einer anderen Anknüpfung
bedürften.

für kriegsmännisches Gewand, ihrem Hange zu fleischlichen Sünden wird entgegengetreten, aber mit schlichtem Verbot, nicht mit den erbitterten Worten und den raffinierten Strafandrohungen des Bonifaz. Mutter, Schwester oder Nichte bei sich zu haben, wird den Geistlichen, denen jener das Zusammenwohnen mit jeglichem weiblichen Wesen untersagt hatte, erlaubt. Die Zulassung der zuwandernden Priester und Bischöfe, die Bonifaz in jedem einzelnen Falle von einer synodalen Entscheidung abhängig gemacht hatte, wird den Diöcesanbischöfen anheimgestellt. Die Verpflichtung der Pfarrer zur Berichterstattung an den Bischof über alle Einzelheiten der Amtsführung erscheint abgeschwächt. Die Stelle über die Ablieferung der Kirchensteuern durch die Pfarrer ist abgeändert in eine Forderung an Priester, Äbte und Klosterbischöfe zur Aufnahme des die Diöcese bereisenden Bischofs. — Auf der andern Seite zeigen uns die Änderungen der Synode von Soissons einen Fürsten, der entschlossen ist, seiner Stellung nichts zu vergeben und der kirchlichen Reform an dem Punkte Halt zu gebieten, wo sie beginnt, die Interessen des Staates zu beeinträchtigen. Charakteristisch dafür ist der merovingische Kanzleistil, der in der Eingangsformel die freiere Bonifazische Bearbeitung verdrängt hat und auch im Folgenden mit seinem „idcirco statuemus" etc. hie und da hervortritt; noch mehr aber die Einsetzung einiger indifferenter, von anderer Stelle entnommener Sätze der Vorlage statt des in dieser gegebenen Versprechens, auf Synoden fortan den kanonischen Zustand und die Rechte der Kirche wiederherzustellen. Weder auf das eingezogene (das anstössige „fraudatae" ist gemildert in „subtraditae") Kirchengut, noch auf die Kriegsdienste der Bischöfe denkt Pippin zu verzichten. Wie die Restitution des ersteren auf die am meisten Not leidenden Klöster beschränkt wird, so das Verbot des Waffentragens auf die dem geistlichen Stande angehörigen Klostervorsteher, denen jedoch gleichzeitig die Pflicht, ihre Mannschaft zu stellen, eingeschärft wird. Um ja recht scharf und unzweideutig hervorzuheben, dass diese Bestimmungen nur für die Klöster gelten sollen, ist ihnen vorangestellt die Ermahnung an die Klosterleute zur Einhaltung der Regel, die in der Vorlage am Schluss stand.

Excurs III.

Die Bedeutung der Worte dividere, divisio.

Auf Veranlassung des Herrn Professor G. Voigt bin ich, um einen sicheren Anhaltspunkt für die Deutung des natürlich unter dem Klerus entstandenen technischen Ausdrucks des 8. und 9. Jahrhunderts zu gewinnen, dem Sprachgebrauch der Vulgata nachgegangen. Es hätte viel Verlockendes, dividere einfach == dispergere zu setzen, in welchem Sinne es von Personen mehrmals gebraucht wird (Deut. 32, 8; Sap. 5, 24; Thren. Jerem. 4, 16; cf. auch die divisio apostolorum), bei leblosen Gegenständen wird es jedoch nicht ohne Beziehungswort angewendet (Job. 38, 24 dividitur aestus super terram; Prov. 5, 16 et in plateis aquas tuas divide, vgl. dazu Greg. M. Migne 76. p. 499. C. D., p. 923 A.; cf. Gen. 10, 5; Dan. 11. 4.), und das absolut gebrauchte res oder episcopia dividere wird davon nicht abgeleitet werden können. Die Verwendung des ferner liegenden Ausdrucks dividere statt des einfachen dispergere, dissipare oder distrahere müsste auch jedenfalls durch einen ausgeprägten Sprachgebrauch der Kirchenschriftsteller erklärt werden; es ist mir aber trotz vielen Suchens nicht gelungen, Stellen, mit denen ein solcher belegt werden könnte, aufzufinden. — Der spätere Gebrauch des Wortes scheint mir vielmehr auszugehen von einer Reihe bekannter Bibelstellen, die alle von einem Verteilen unter Menschen reden: Gen. 49, 27 „Mane comedet praedam et vespere dividet spolia (cf. Exod. 15, 9: Judic. 5, 30; Psal. 67, 13; Prov. 16, 19; Isai. 9, 3; 33, 23; 53, 12; Joel 3, 2; Zach. 14, 1) namentlich aber Psal. 21, 18. Diviserunt sibi vestimenta mea und Matth. 27, 35: postquam autem crucifixerunt eum, diviserunt vestimenta eius sortem mittentes, ut impleretur, quod dictum est per prophetam .. (cf. Marc. 15, 24; Luc. 23, 24). Dieselbe Bedeutung (cf. Oelsner p. 484.), „Verteilen eines Raubes" passt in den Zusammenhang der weitaus meisten Stellen, an denen das Wort von dem Verfahren der weltlichen Mächte mit dem Kirchengut im 8. und 9. Jahrhundert gebraucht wird. Anfangs heisst es „res ecclesiarum dividere", mit der zunehmenden Opposition gegen die Sache tritt die Nebenbedeutung des Beraubens immer schärfer hervor, man spricht von einem divisor ecclesiarum[1]), endlich wendet man das Wort sogar auf die Kirche, als Ganzes, an[2]). Besonders deutlich ist der Ursprung in einer Stelle von Hinkmars V. Remig. erkenntlich, c. 71 Migne 126 p. 1177. . . episcopium Remense, quod tenebat Folco presbyter, Carolus inter homines suos divisit. — Disrupta per divisiones (Urk. Aldrichs v. Sens. Quantin Cart de l'Yonne I, 17) ist ein starker Pleonasmus, wenn divisio = Zerstreuung, dagegen ganz in der Ordnung, wenn es = Verteilung ist. Ebenso wird man nicht eine „Zerstreuung", sondern eine „Aufteilung" verstehen wollen, wo das Wort von einem mehr oder minder geregelten Akt gebraucht wird; dies ist zwar keineswegs die gewöhnliche oder gar die zu Grunde liegende Bedeutung, aber es beziehen sich doch drei Stellen unserer Überlieferung auf solche Akte, die Murbacher Annalen zu 751 (res eccl. descr., quae et div.) auf einen wirklich geschehenen, auf beabsichtigte die bekannte Notiz des Codex Remensis: . . laici homines volebant dividere episcopia et monasteria ad illorum opus et non remansisset ulli episcopo . . nisi tantum, ut . . etc. und V. Walae II c. 4. Ss. II 549: de eo nonnulli calumniantur, quia voluerit, res ecclesiarum dividerentur tantumque remaneret ecclesiis, quantum ad modum sufficeret, cetera vero militiae saeculi deservirent. — Dabei kann ja das Wort gelegentlich auch da, wo die technische Bedeutung am Platz gewesen wäre, in einer anderen gebraucht werden: cf. Hincm. V. Remig. Praef: ecclesiae atque domus religiosorum destructae et res ab episcopio fuere divisae; hier hat dividere die Bedeutung des Abtrennens, während es wenige Zeilen vorher, wo von demselben Ereignis die Rede ist, heisst: episcopia laicis donata et per eos rebus divisa, „die Bistümer sind, was das Vermögen betrifft, verteilt"; oder Ann. Bert. 876. Ss. I p. 502. Z. 22: quasdam abbatias, sicut erant, integras dedit; qui-

---

[1]) Divisio imperii 817. c. 10. Leg. I p. 199.
[2]) Lupi ep. 43. Migne 119, 511. Siquidem generalis religiosorum assertio est, praeter vindictam ultimam, quae impendeat, numquam eum (Karl d. K.) felicitatis optatae prosperitatum adepturum, donec redintegret ecclesiam, quam divisit etc.

busdam de abbatia M., quam diviserat, benificia donavit, wo dividere = „zerstückeln" ist, und die Handlung, die mit dem Worte
im technischen Sinne zu bezeichnen wäre, durch „beneficia donavit"
ausgedrückt ist.

Etwas Anderes ist es, wenn gesagt wird, zwei verschiedene,
oft eng zusammenhängende, oft entgegengesetzte Vorgänge könnten
technisch mit demselben Worte in verschieden abgeleiteter Bedeutung bezeichnet werden. Diese Behauptung vertritt Waitz
(V. G. III 38, N. 1.), der einerseits zugiebt, dass das Wort dividere meist von dem Verteilen des Kirchenguts unter Weltliche
zu verstehen sei, andererseits auch die Roth'sche Erklärung des
Wortes als „Teilung" adoptiert[3]), nur natürlich die Bedeutung
des Aktes entgegengesetzt auffasst, gemäss seiner Ansicht, dass
unter Karl Martell der grösste Teil des Kirchengutes in Laienhänden gewesen sei. Roth ist aber dabei entschieden im Vorteil
denn es steht fest, dass die divisio, seit überhaupt von ihr ge-
redet wird, ein Schreckgespenst des Klerus ist[4]). Waitz ist zu
einer sehr künstlichen Construktion genötigt, nach der die Teilung
zwar ursprünglich eine Wohltat[5]), später aber — wenn sie nach
erfolgter Restitution wiederholt wurde — eine Beraubung[6]) und als
solche ein Gegenstand der Furcht gewesen wäre. Nimmt man
dazu nun noch, dass an den meisten Stellen das Wort die Be-

---

[3]) Anf. des Lehnw., Hist. Ztsch. XIII, 104. „rechtliche Auseinander-
setzung zwischen Staat und Kirche".

[4]) cf. Roth Feud. p. 83 f. — Kaufmann (p. 80.) tadelt Roth, weil dieser
seinen Ausspruch: „die divisio wird von Zeitgenossen als ein schweres Unglück charakterisiert" mit Worten Karls d. Gr., Ludwigs d. Fr., u. a. belegt,
und meint, aus dem „gratias Deo" des Pabstbriefes v. 31. Oct. 745 könne
das Gegenteil ersehen werden. Aber dies ist eine Verschiebung der Begriffe: Roth hat nicht gesagt: „der Vorgang von 745 wird als schweres
Unglück charakterisiert", sondern gemeint, das Wort divisio bezeichne ein
solches. Ist also bewiesen, dass jener Vorgang, die Massregel Karlmanns,
eine Erleichterung bedeutete, so folgt daraus nur, dass er den Namen „divisio", den er zwar von den neueren Forschern, nicht aber in jenem Pabstbrief, oder überhaupt von Zeitgenossen erhält, auch gar nicht verdient. Der
Roth'sche Satz bleibt von dieser Widerlegung unberührt.

[5]) So 751: res eccl. descr., qu. et div.

[6]) So die Notiz des Reimser Codex und die Stelle der V. Walae zu
verstehen.

deutung „Verteilung[7]"" haben soll, so hat man im Ganzen drei
Arten von divisio. — Ist es schon an sich nicht glaublich, dass
man im 8. Jahrhundert für eine einfache Sache, die teilweise Restitution, eine so complicierte Vorstellung, wie „Teilung zwischen
Kirche und Staat" eingesetzt und mit Vorliebe unter diesem
Bilde davon gesprochen haben sollte, so wächst die Unwahr-
scheinlichkeit noch beträchtlich, wenn man bedenkt, dass das
Wort an der Stelle, wo es zum ersten Male gebraucht wird, in
der Annalennotiz von 751, sich in keinem Falle auf die Hauptmassregel, sondern auf eine Wiederholung derselben beziehen
würde. Die eigentliche „Teilung", die Festsetzung, welche Güter
die Kirche, welche der Staat zur Nutzung haben sollte, ist nach
Waitz als schon vorangegangen zu denken, die Erweiterung der
Restitution soll als eine neue Teilung gelten.

Jedenfalls müssten, um annehmbar zu machen, dass zeitge-
nössischen Lesern jene Worte im Waitzschen Sinne verständlich
gewesen seien, Belege für einen völlig ausgeprägten Sprachgebrauch von divisio = „Teilung zwischen Kirche und Staat" bei-
gebracht werden. Diese fehlen aber. Selbst die eine Stelle, die
Oelsner p. 484 anführt[8]), handelt nicht eigentlich von einer Teilung
des Kirchengutes zwischen Staat und Kirche, sondern von der
Trennung zweier lange Zeit in derselben Hand vereinigt gewesenen
Ämter, Bistum und Grafschaft, und der zu denselben gehörigen
Einkünfte (i. J. 806. cf. Planta Das alte Rätien p. 356 ff.). In
jedem Falle ist es ein seiner Natur nach ganz singulärer Vorgang,
der mit einer Ordnung, wie nach Waitz Karlmann und Pippin sie
getroffen haben sollen, nichts zu schaffen hat. — Ebenso wenig
lassen sich im Waitzschen Sinne die Urkunden von Macon[9]) geltend

---

[7]) So die Stelle der Ep. Caris.

[8]) Urk. v. Chur bei Mohr I 27. cf. Waitz III, p. 38. N. 1.

[9]) Ragut Cart. de S. Vincent de Macon. p. 316. Mühlb. 542. episcopus
. . questus est, eo quod tertia pars telonei, . . et tertia pars de salinis, que
sunt in Jugis, necnon et villa, que nuncupatur Candeverris . . ecclesie . .
S. Vincentii . . secundum divisionem, que olim facta est, (et) esse debet.
Nos interea missum nostrum . . misimus, et invenit quod per iustitiam pre-
dicte ecclesie, iuxta divisionem, que dudum facta est, (et) esse debebat, . .
nostra excellentia . . hoc ei . . reddidit; p. 51. Bestätigungsurk. Karls d. K.

machen: der dortigen Kirche wird die Nutzung eines Drittels der
Zölle und eines Drittels der Salinen (nebst einer wahrscheinlich
, zu den letzteren gehörigen[10]) villa) zurückgegeben. Es wäre aber
sehr wunderbar, wenn man noch unter Ludwig d. Fr. und Karl d. K.
so bescheiden gewesen wäre, sich bei dieser vor langer Zeit ge-
währten unvollständigen Restitution zu beruhigen, sie als Besitz-
titel anzuführen. Die divisio, nach der man sich in Macon zu
richten hatte, war vielmehr eine Teilung der königlichen Zölle
und Salinen in der Weise, dass der Kirche ein Drittel davon zufiel. Eine solche Teilung muss nicht selten gewesen sein, so
haben alle septimanischen Kirchen ein Drittel der Zölle, und nicht
auf Grund einer teilweisen Restitution (Urk. Karls d. K. Bouq. VIII,
563.). — Eine dritte Stelle endlich, die Waitz IV, 156 N. 3,
248 N. 1. anführt[11]), handelt überhaupt nicht von Teilung zwischen
weltlicher und geistlicher Gewalt, nicht davon, dass die Erben
eines im Privatbesitz befindlichen Klosters Güter desselben wieder-
einziehen, sondern von einer wirklichen Teilung im Erbgange (cf.
Cap. Worm., cap. gener. c. 2. Leg. I p. 350).

Es muss also dabei bleiben, dass überall da, wo in karolin-
gischer Zeit die Worte dividere, divisio im technischen Sinne von
einem Verfahren der Staatsgewalt gegen das Kirchengut gebraucht
werden, die Bedeutung „verteilen" zu Grunde liegt.

.. preceptum .. Hludovici .., in quo continebatur, qualiter ab eodem genitore
nostro tertia pars telonei .. et tertia pars de salinis, que sunt in Iugis,
necnon *in* villa que nuncupatur Candeverris, ecclesie .. S. Vinc. .., secundum divisionem, que priscis temporibus facta fuerat, sit concessa.

[10]) Dies geht aus dem Wortlaut der Bestätigungsurkunde hervor.

[11]) Act. Palat. VI, 347. Mon. Boic. 31 a, p. 46. Urk. Ludw. d. Fr. v.
1. Sept. 814.: quamdiu heredes eiusdem monasterii ita eum indivisum perma-
nere permiserint, ut monachi ibidem consistentes regulam observare valeant
.. Quod si vero aliquas divisiones inde fecerint.

VITA.

Ich, Friedrich Ferdinand Georg Konrad Ribbeck, bin geboren am
13. November 1861 in Berlin, als Sohn des damaligen ordentlichen Lehrers
am Cölnischen Gymnasium, jetzigen Directors des Askanischen Gymnasiums,
Professor Dr. Woldemar Ribbeck und dessen Frau Anna, geb. Gropius.
Nachdem ich drei Jahre lang Privatunterricht genossen hatte, wurde ich
Ostern 1870 in die Sexta des Luisenstädtischen Gymnasiums aufgenommen,
das ich Michaelis 1878 mit dem Zeugnis der Reife verliess. Das Studium
der Geschichte, für das schon auf der Schule, namentlich durch den an-
regenden Unterricht des Herrn Prof. Wilhelm Bernhardi, Interesse in mir
erweckt war, und der Philologie habe ich seitdem abwechselnd auf den
Universitäten Berlin und Leipzig betrieben, bei folgenden Herren Professoren
Collegien gehört: Bresslau, G. Curtius, Droysen, Harms, Heinze, Hildebrandt,
Kirchhoff, Lipsius, Lotze, Müllenhoff, Nitzsch, von Noorden, Ribbeck, Scherer,
Schmoller, Springer, von Treitschke, Vahlen, Voigt, Wundt, Zarncke, Zeller,
und an den von den Herren Proff. Arndt, Droysen, Lipsius, Nitzsch, von
Noorden, Springer, Weitzsäcker, Zarncke, DDr. Henning und Ed. Meyer
veranstalteten Übungen Teil genommen. Allen diesen Herren, vor Allen
Herrn Professor von Noorden, dem ich für die meinen Studien zugewandte
freundliche Fürsorge und Leitung zeitlebens verpflichtet bleiben werde,
statte ich auch an dieser Stelle den schuldigen Dank ab.